葛藤する
コーポレートガバナンス
改革

株式会社日本総合研究所 [編著]

CORPORATE GOVERNANCE

一般社団法人 **金融財政事情研究会**

まえがき

　本書は、コーポレートガバナンスの制度と実務を紹介するものである。コーポレートガバナンスに対する世間の関心は高く毎日のように報道を賑わせていて、問題意識はきわめて高い。また、2015年は、コーポレートガバナンス改革元年ともいわれ、コーポレートガバナンスに関する制度が大幅に見直されて多くの企業が新たに社内体制に取り入れ、また取り入れようとし始めた年でもあった。

　しかしながら、企業で実務・実業に携わっている多くの人は、コーポレートガバナンス改革をめぐる議論に何かしらの違和感を覚えてきたのではないだろうか。たとえば次のような疑問がなかなか払拭できず、釈然としない思いが続いているのではないか。

「企業価値向上といいながら株価がすべてになっていないか」

「長期的で持続的な成長といいながら四半期決算に一喜一憂してないか」

「社外取締役がどこまで事業発展に寄与できるのか」

「業務を知悉した監査役よりも社外取締役のほうがなぜ注目されるのか」

「米英型の制度をそのまま持ち込んでも日本にあうのか」

「制度を形式的に取り入れても実効性はあるのか」

「コーポレートガバナンス先進会社でもいろいろな不祥事が起こっているではないか」

　今回の出版に際しては、こういった問題意識からスタートし、フレームワーク論のみならず企業経営の現場や実情にも詳しいメンバーをシンクタンク・コンサルティング部門から幅広く集め、横断的チームとした。

　弊社のシンクタンク・コンサルティング部門では、これまで、コーポレートガバナンスについて、海外のプラクティスを含めた制度面の調査を進めるとともに、実際の企業との対話やアンケートから実務的な分析をし、さらに社会的責任の視点からの研究も進めてきた。そして何よりもこれらの専門家の間での情報共有と連携に最大限の努力をしてきた。その結果、本書の執筆

陣はほかに類をみない広がりと深さを備えたチームになっていると思う。

　本書の執筆では、これらのメンバーの経験と知見を集約し、コーポレートガバナンスに関する「建設的」な解説書となることを目指して全社的な取組みを重ねてきた。その結果として、本書が、読者の皆さんから「実務に役立つ」と受け止めていただけるものになっていることを心より願ってやまない。

　私は、以前は金融機関のIT責任者という立場で経営の一端に触れてきた。金融業務はITと一体であるため、ITを通してあらゆる業務に関与することができた。そのなかで強く思ってきたことは、事業や業務の内容がわからずして、事業の創出も推進も改革もできないということである。

　コーポレートガバナンス改革を形式的に取り入れて安住するのではなく、企業経営の当事者が真剣に自社の事業や経営に向き合い、考え抜くことが何より大切だと思う。本書が、コーポレートガバナンスのあり方に問題意識をもち、より企業実態にあったガバナンスを模索する多くの読者の参考になれば望外の喜びである。

　2017年9月

株式会社日本総合研究所

代表取締役社長　　淵﨑　正弘

本書の構成

　コーポレートガバナンスとは企業にとって、古くからある課題であるとともに完璧な答えのない、いわば永遠の課題である。

　当初、コーポレートガバナンスは、上場企業における一連の不祥事への対応という視点から、そのあり方が議論された。しかしながら、近年では国家の成長戦略などの政策的観点から、企業の「稼ぐ力」を高める面でも議論されることとなり、その結果として、「攻めと守り」のコーポレートガバナンスの構築を企業に要請する、いわゆるコーポレートガバナンス・コードの制定、施行へとつながったのである。

　このような流れのなかで、特に取締役および、取締役会の位置づけとその役割の変化とインパクトは大きく、企業のトップマネジメントにとっては関心事項の高い分野である。よって、本書はこの部分に焦点を絞ることとした。

　とはいっても、コーポレートガバナンスの全体像を理解しないと、議論を見誤る可能性がある。その意味も込めて、本書の前半部分においてはコーポレートガバナンス全体の概説を整理している。

　まずは、序章において、本書の基本的な考え方やスタンスを明確にしたうえで、続く第1章においては、コーポレートガバナンスについての基本的なフレームを整理した。そのうえで、第2章および第3章で、日本におけるコーポレートガバナンスの特徴的な形成過程を整理した。具体的には、第2章において、これまでの日本企業の発展とコーポレートガバナンス形成に寄与した金融機関のガバナンスについて、第3章においては、上場企業とはいえ、まだまだ多いオーナー企業とコーポレートガバナンスのかかわりについての分析と考察を加えている。

　これらを受けて、日本におけるコーポレートガバナンスの取組みについて、制度設計と、実際の運用の双方の観点から再度整理したのが第4章である。特に、ここでは、弊社で過去に実施したアンケート結果をふまえつつ、

企業の意識・取組みについての考察を行っている。

　一方で、これらの対応や意識の変化などに敬意を払いつつも、一連のコーポレートガバナンス改革については、単に欧米の制度をコピーするにとどまり、実際には有効に機能しないのではないかという批判や懸念が存在する。そこで、これらを検証するために、第5章においては、アメリカ、イギリス、およびドイツにおけるコーポレートガバナンスの形成過程と運用についてのまとめを行い、日本との違いについて理解する。

　これらを受けて第6章では、日本企業のコーポレートガバナンスのあり方を再度整理した。あわせて、読者が属する企業のコーポレートガバナンスへの取組状況をセルフチェックできるようなツールを用意するとともに、日本企業の有する課題の整理を行い、そのなかで取締役と取締役会に関する課題の位置づけを重点的に整理した。

　第7章と第8章は、本書のメインスコープである取締役と取締役会のあり方について、さまざまな角度から整理している。

　第7章では取締役について、その役割・責務を具体的に再定義するとともに、登用に関して近年注目されているスキルマトリックスについて紹介している。また、取締役のなかでも企業経営の浮沈を左右するトップマネジメントの継続的な育成方法を示すいわゆるサクセッション・プラン、そして近年、その存在感を増している社外取締役について触れている。

　そして、第8章においては企業の重要な意思決定機関である取締役会について、その実効性をどのように高めるか、議論をどのように活性化させるか、そして社外性をどのように活用するかを論じ、これらの動きについてどのように総括するか、いわゆる有効性評価について触れている。

　そして終章である第9章においては、取締役・取締役会に対する取組みを総整理するとともに、さらなる高度化について述べる。

　いうまでもなく、コーポレートガバナンスは企業にとっては、変化し続けている幅広く奥の深い課題であり、さらなるコーポレートガバナンスの高度化に向けての議論がなされると思料される。

　具体的には、株主以外のステークホルダーへのさらなる配慮や、コーポ

iv

レートガバナンスを支える経営基盤の再構築、さらにはグループ経営を意識して関連会社も含めた包括的なガバナンス体制構築など、今後想定されるさまざまな課題についての頭出しを行っている。

　以上が、本書の構成である。今回の執筆にあたっては、特に取締役と取締役会のあり方に焦点を当てて多面的にアプローチを行い、分析・提言を行っている。この取締役と取締役会であるが、表裏一体の関係であるため、内容については多少の重複等が発生していることをあらかじめお断りしておきたい。

目　次

序　章 ——————————————————————————— 1

第 1 章　コーポレートガバナンスとは何か ——————— 9

1　一般的な定義 ……………………………………………… 10
　⑴　企業経営の規律づけ ………………………………… 10
　【コラム】「コーポレートガバナンス」の訳語について ……… 12
　⑵　ガバナンスの主体とは ……………………………… 12
　⑶　ガバナンスの目的 …………………………………… 18
2　なぜ近年コーポレートガバナンスが重要視されるのか ……… 21
　⑴　企業間競争の激化 …………………………………… 21
　⑵　機関投資家の株主比率 ……………………………… 23
　⑶　富を呼び込む手段としての使い勝手のよい「ソフト・ロー」……… 26
3　これから求められるコーポレートガバナンスとは ………… 28
　【コラム】　日本の企業は収益力が低くなっているのか ……… 31

第 2 章　銀行によるガバナンスの変遷 ——————— 33

1　銀行によるガバナンスとは何か ………………………… 34
　⑴　「メインバンク」による企業経営の規律づけ ………… 34
　【コラム】　株式の持ち合いは日本特有なのか ………………… 37
　⑵　銀行のガバナンス機能 ……………………………… 39
2　銀行によるガバナンスを取り巻く環境変化 …………… 41
　⑴　企業の資金調達力の強化 …………………………… 41
　⑵　保有株式の売却に呼応した、機関投資家の存在の高まり ………… 42

⑶　銀行によるガバナンスへの批判 ‥‥‥‥‥‥‥‥‥‥‥‥‥‥ 44

３　銀行のこれからの方向性──新たな役割の模索 ‥‥‥‥‥‥‥‥‥ 46

　⑴　機関投資家とともにガバナンスの一翼を担う ‥‥‥‥‥‥‥‥ 48

　⑵　経営陣を支援するパートナー的な役割 ‥‥‥‥‥‥‥‥‥‥‥ 49

第3章　オーナー経営とコーポレートガバナンス ───── 51

１　株式会社が抱えるエージェンシー問題 ‥‥‥‥‥‥‥‥‥‥‥‥‥ 52

　⑴　エージェンシー問題とは何か ‥‥‥‥‥‥‥‥‥‥‥‥‥‥‥ 52

　⑵　株式会社におけるエージェンシー問題 ‥‥‥‥‥‥‥‥‥‥‥ 54

　⑶　株式会社におけるエージェンシーコスト ‥‥‥‥‥‥‥‥‥‥ 56

２　オーナー経営におけるガバナンス ‥‥‥‥‥‥‥‥‥‥‥‥‥‥‥ 57

　⑴　所有と経営が一致していることのメリット ‥‥‥‥‥‥‥‥‥ 57

　⑵　株主以外のステークホルダーの存在 ‥‥‥‥‥‥‥‥‥‥‥‥ 57

　⑶　顧客とガバナンス ‥‥‥‥‥‥‥‥‥‥‥‥‥‥‥‥‥‥‥‥ 58

　⑷　従業員とガバナンス ‥‥‥‥‥‥‥‥‥‥‥‥‥‥‥‥‥‥‥ 59

３　日本のオーナー経営におけるコーポレートガバナンスの特徴と

　課題 ‥‥‥‥‥‥‥‥‥‥‥‥‥‥‥‥‥‥‥‥‥‥‥‥‥‥‥‥‥ 60

　⑴　顧客・従業員との関係からのコーポレートガバナンス ‥‥‥‥ 60

　⑵　今後の課題 ‥‥‥‥‥‥‥‥‥‥‥‥‥‥‥‥‥‥‥‥‥‥‥ 61

第4章　日本における改革への取組み ─────── 63

１　ガバナンス発展期 ‥‥‥‥‥‥‥‥‥‥‥‥‥‥‥‥‥‥‥‥‥‥ 64

　⑴　1990年代の取組経緯と概要 ‥‥‥‥‥‥‥‥‥‥‥‥‥‥‥‥ 64

　⑵　2000年代の取組経緯と概要 ‥‥‥‥‥‥‥‥‥‥‥‥‥‥‥‥ 65

２　コーポレートガバナンスの転換期 ‥‥‥‥‥‥‥‥‥‥‥‥‥‥‥ 67

　⑴　リーマン・ショック ‥‥‥‥‥‥‥‥‥‥‥‥‥‥‥‥‥‥‥ 67

　⑵　ガバナンス・コードの導入 ‥‥‥‥‥‥‥‥‥‥‥‥‥‥‥‥ 68

目　次　vii

3 ガバナンス・コードの概要 ･･････････････････････････････････ 70
  (1) コードの構成 ･･ 70
  (2) 上場企業に求められる対応 ･･････････････････････････････ 71
4 コードの成果と課題 ･･････････････････････････････････････ 72
  (1) 初年度開示状況から推察する成果と課題 ･････････････････ 74
  (2) 全体的な感想から推察する成果と課題 ･･･････････････････ 75
  (3) 企業価値向上に向けた今後の取組課題から推察する成果と課題 ････ 76
  (4) 機関設計の意向から推察する成果と課題 ･････････････････ 78
  (5) コードの成果と課題のまとめ ･･･････････････････････････ 80

第5章 海外におけるコーポレートガバナンス改革 ―― 81

1 アメリカ ･･ 82
  (1) 法的側面――改革の歴史的経緯 ･･･････････････････････････ 82
  (2) 組織体制 ･･ 84
  (3) 運　　用 ･･･ 85
2 イギリス ･･･ 85
  (1) 法的側面――改革の歴史的経緯 ･･･････････････････････････ 85
  (2) 組織体制 ･･ 88
  (3) 運　　用 ･･ 89
3 ド イ ツ ･･･ 91
  (1) 法的側面――改革の歴史的経緯 ･･･････････････････････････ 91
  (2) 組織体制 ･･ 93
  (3) 運　　用 ･･ 96
4 ま と め ･･ 97

第6章 ガバナンス改革が抱える課題と解決の方向性 ― 103

1 日本企業の伝統的ガバナンス ･････････････････････････････ 104

viii

(1) 形成過程における特色 ……………………………………… 104

(2) 改革を迫った環境変化 ……………………………………… 106

2 ガバナンス向上のためのセルフチェック ……………………… 108

(1) セルフチェックの目的 ……………………………………… 109

(2) チェック項目 ………………………………………………… 109

(3) 自己評価について …………………………………………… 114

3 コーポレートガバナンス向上のために ………………………… 118

(1) ガバナンス見直しの背景 …………………………………… 118

(2) 制度設計上の課題 …………………………………………… 119

(3) コーポレートガバナンスの運用課題 …………………………… 121

第7章 取締役のあり方 ──────────── 127

1 取締役の役割・責務の再定義 …………………………………… 128

(1) 取締役の役割 ………………………………………………… 128

(2) 役割認識の実態とその背景 ………………………………… 130

(3) 取締役の役割・責務を再定義すべき理由 ………………… 132

【コラム】「役員」に関する肩書 ………………………………… 136

(4) 取締役会の構成員と各取締役の役割 ……………………… 139

(5) 取締役への期待役割の明示 ………………………………… 142

2 取締役選任における日本版スキルマトリックス …………………… 143

(1) コーポレートガバナンス・コード適用での取締役等選任における課題 …………………………………………………… 143

(2) 海外でのスキルマトリックス適用事例 …………………… 146

(3) 日本版スキルマトリックス ………………………………… 150

3 サクセッション・プラン ………………………………………… 156

(1) サクセッション・プランの位置づけ ……………………… 157

(2) サクセッション・プランの策定 …………………………… 159

(3) サクセッション・プランの課題 …………………………… 165

目　次　ix

4 社外からの取締役登用 ……………………………………………… 171

(1) 社外取締役の要件 …………………………………………… 171

(2) 社外取締役に求めるもの …………………………………… 173

(3) 社外取締役獲得に関する課題 ……………………………… 175

第8章 取締役会のあり方 ───────────── 181

1 取締役会の実効性向上 …………………………………………… 182

(1) 取締役会の機能 ……………………………………………… 182

(2) 形骸化する取締役会とその背景 …………………………… 183

(3) 取締役会が目指すべき方向 ………………………………… 189

(4) 実効性を向上させるための取組み ………………………… 192

(5) 経営者の自律的意識の重要性 ……………………………… 197

2 取締役会における議論の活性化のために ……………………… 199

(1) ガバナンス・コードの基本原則2をめぐる議論 ………… 199

(2) 「株主以外のステークホルダーとの適切な協働」が企業価値向

上に結びつく道筋 …………………………………………… 204

(3) 取締役会は何を議論すべきか ……………………………… 208

(4) 機関投資家の影響力 ………………………………………… 211

3 取締役会における外部性の活用 ………………………………… 213

(1) 取締役会の変化 ……………………………………………… 214

(2) 期待される社外取締役の役割 ……………………………… 215

(3) 社外取締役が役割を果たすために ………………………… 221

4 取締役会の有効性評価 …………………………………………… 224

(1) 取締役会の有効性評価 ……………………………………… 224

(2) 有効性評価開示事例の示唆 ………………………………… 225

第9章 コーポレートガバナンスの さらなる高度化に向けて —— 239

1 企業の目指すべき姿とステークホルダーの再定義 ·················· 240

  (1) ステークホルダーの変化 ····································· 241

  (2) 「企業価値」の揺らぎ——評価指標の変化 ···················· 242

2 ガバナンスを向上させる経営基盤の強化 ······················ 242

  (1) 取締役・取締役会改革の限界 ······························ 243

  (2) 任意の会議体との関係 ··································· 243

  (3) 重要となるサポートスタッフの役割 ·························· 244

3 グループガバナンスの強化 ·································· 246

  (1) グループガバナンスの概念

    ——コーポレートガバナンスからグループガバナンスへ ·············· 246

  (2) グループガバナンスの必要性 ······························ 248

  (3) グループガバナンス構築のステップ ························· 249

  (4) グループガバナンス構築の課題 ···························· 251

  (5) グループガバナンスの観点でみた、取締役・取締役会 ············ 252

あとがき ·· 255

執筆者略歴 ·· 257

序　章

「コーポレートガバナンス」が意味する範囲はきわめて広い。たとえば、ある企業に不正会計があれば、コーポレートガバナンスが不十分であったとされる。突然の社長交代でもコーポレートガバナンスが疑われる。さらに、最近では日本企業の成長力が弱いこともコーポレートガバナンスに欠陥があるからだとされる。つまり、不祥事から外部には不可解な人事、そして業績低迷までコーポレートガバナンスのためとされており、経営の攻めから守りに至るまで全域にまたがっている。

では いかにしてコーポレートガバナンスをよくしていくか。近年、日本企業が打ち出す施策は、社外取締役を置いて取締役会を適切に運営するとか、株主が期待するROEという指標を業績目標に置くというような提案が主であり、ステレオタイプ的であるという感をどうしても免れない。個々の実務に実効性があるという確信がもてず、結局は、コーポレートガバナンス改革をめぐる議論に隔靴掻痒の思いを抱いている読者が多いのではないだろうか。

このように、コーポレートガバナンス改革について、すでにさまざまな対応が始まっているわけだが、多くの企業関係者には「間違ってはいないと思うがどうも腑に落ちない」という状況が続いているとすれば不幸だ。

本書の問題意識

振り返ってみれば、1980年代までの高度成長期において、日本の企業経営は世界からみて特異ではあるが一定の評価を得ていたといえる。ここではその例を以下に3点あげてみる。

① 従業員と経営者の間には、「年功序列」と「終身雇用」のもとで有機的な結びつきがあった。

② また、企業と企業の間では、ケイレツの取引関係が尊重されて安定的であるとともに、その元で「カイゼン」や「カンバン方式」等により競争力を上げてきた。

③ さらに、金融機関と企業の間では、銀行が「メインバンク」として企業に資金を提供するとともに経営指導を行い、その一方で企業の株を「政策

投資株」として保有し、安定株主となって買収等の資本市場の圧力から企業を守る役割を担ってきた。

ところが、1990年代になって経済のグローバル化が大きな波となって押し寄せてくると、これらの構造を従前のように維持することが困難になってくる。

また、バブルが崩壊し不良債権処理に苦しむ邦銀経営は、さらに欧米から「グローバルスタンダード」として持ち込まれた規制やプラクティスへの対応を強いられ、経営体力を著しく低下させることになる。そんななか、欧米の金融機関は、日本企業への投資を有利に拡大させていく。そして、企業のステークホルダーである、「従業員」「顧客・取引先」「株主」のそれぞれの地位に変化を迫るようになる。日本企業においては、まずは「従業員」、そして「顧客・取引先」が重視され成長してきたが、欧米の金融機関は、「株主」をステークホルダーの第一に位置づけてくるようになるわけだ。

このほかにも、図表序－1にみられるような、かつての日本企業がもっていた文化や実務慣行における優先順位や重点の置かれ方に、主に海外からの声により、大きな変化がみられるようになり、これが全体として「コーポレートガバナンス」の見直しととらえられるようになってくるわけだ。

こうしてみてくると、コーポレートガバナンス改革は、グローバル化や海外からきた制度への対応から始まったことは否定できないのだが、その一方でより重要なのは、日本企業の成長の基盤であった構造に対する問題提起に

図表序－1　優先順位や重点の変化例

・株主＜顧客・取引先＜従業員	⇒	株主＞顧客・取引先＞従業員
・社内取締役	⇒	社外取締役
・売上高重視	⇒	ROE重視
・銀行	⇒	資本市場
・守りのガバナンス	⇒	攻めのガバナンス
・安定的取引関係	⇒	競争的取引関係
・少ない報酬格差	⇒	大きな報酬格差

（資料）　日本総合研究所作成

なっているということだ。つまり、コーポレートガバナンスを考えるに際しては、上記の①～③のような日本企業の原型をなしてきたものとの関係までを掘り下げて分析する必要があり、単にこれがベストプラクティスだと示して適合することだけを要請しても理解が進まない。

　もう少し詳しくみよう。たとえば①の「年功序列」と「終身雇用」に関連しては、日本企業の「取締役」はサラリーマンの出世のゴールとされてきた。制度が変わったからといって、唐突に業務のわからない「社外取締役」を置いてもやはり浮いた存在になってしまう。もちろん、「年功序列」と「終身雇用」といった習慣が日本企業で薄れていくとすれば、その同じ速度で「社外取締役」が機能として定着していくのかもしれないとはいえる。

　さらに、日本企業において、このような習慣ゆえ、社長の法外な報酬が問題視されることはほとんどなく、特に報酬を社外からみる制度を取り入れても形式に堕するだけだ。ここでも、今後、実績で報酬が評価される度合いが増えてくるならば、その行き過ぎへの監視の仕組みが必要となってくるとはいえるものであり、まずは、これまでの日本企業の人事をどう変えていく必要があるかということから考えて、コーポレートガバナンスのあり方を検討するという順が求められる。

　また、②のケイレツのもとでの取引関係は、実は関係維持のためのディスカウントも大きく低採算のことも多い。これが、日本企業が生産性やROEが低いといわれる原因の一つをつくってきた可能性もあるが、その一方で企業経営の安定性向上にはおおいに貢献している。つまり、長期的な関係維持を、より高い利益が得られるかもしれないが短期的に終わる可能性の高い関係よりも優先してきたわけだ。制度変更で経営目標をROE等に変更して従来の取引関係を一斉に切り替えることは、企業群としての安定的な製造・流通を崩すことが想定される。やはり、これまでの取引関係をどのように変えていくかというような実務から、コーポレートガバナンス変革を考えるという地道な思考が不可欠といえよう。

　さらに、わが国において特徴的なのが③の企業と銀行の関係である。高度成長期において銀行は中長期の資金を企業に供給して右肩上がりの経済に貢

献してきた。その意味で企業は資本市場よりも銀行からの声を重視してきたことから、コーポレートガバナンス改革で投資家の存在を中心とする制度にしようにもすぐに機能するわけではない。拙速に「改革」として進めたとしても、企業が苦境に立たされた場合に、銀行は経営から遠くなっている一方、投資家は未熟で短期的な株価だけから企業を判断するだけとなってしまうと不幸である。

　つまり、これまで成功してきた日本企業の実務をそのままにして制度だけ変えようとしてもうまくいかない、ということだ。では、こういった「日本流」はできるだけそのまま残すほうがいいのであろうか。そして、コーポレートガバナンス改革といわれるが、これは海外からのお仕着せにすぎず、かたちだけあわせたふりをしておけばすむのかというと、決してそうではない。

　実は、日本企業の実務が、いま、大きな曲がり角を迎えている。戦後から高度成長期において、これまで述べてきたように、「終身雇用」「ケイレツ」「資本市場より銀行」とうキーワードからわかるようなある意味で内部論理の経営が成功してきたわけだ。外部からの「目」はあえていえば株主総会だけであり、経営はこれさえクリアすればと考えるようになる。そして「株主総会」をいかに何事もなく終わらせるかに最大限の努力をするようになってしまって、ともすると株主を尊重することとは正反対の経営という状況も生じうる。

　そして、何よりも問題となってくるのはこのような外部の「目」が希薄ななかで、経営に慢心や不作為があり、結果的に日本企業の競争力低下を招くようになってきたことだ。これが日本企業の1990年代以降の歴史ではないだろうか。

　こうして考えていくと、「コーポレートガバナンス改革」とは、これまでの企業経営においてどのあたりに課題があり、変革が必要かを丹念に見極めていく作業かもしれない。とても面倒であるとともに、それまでの成功体験の否定を伴うわけだから綺麗ごとではすまない。

　本書は、このように痛みの伴うコーポレートガバナンス改革について、制

序　章　5

度と実務の両面から追っていく。企業活動を支えているのは制度といった「形式」ではない。むしろ実務のための意思決定であり「実質」である。コーポレートガバナンス・コードが適用されて2年が経過するが、コードだけが「一人歩き」をし、まだ多くの企業では、海外のプラクティスをそのまま移植するという形式的な対応にとどまっているのではないか。いまこそ、コーポレートガバナンスについて「地に足がついた議論」が求められるのではないかというのが本書の企画の出発点にある。

本書のねらい

　本書は、企業に身を置くあらゆる方々に手にとってもらいたい。経営層はいうまでもなく、実務に携わる人にとり指針になると考えるからだ。コーポレートガバナンスは企業活動の多くの場面で本質をなす。本書が論じている「取締役」の制度にしても、これまでの日本企業の人事体系が今後どう変わっていくかということと切り離して考えると空論になる。したがって、あらゆる職員に関係しているわけで、その間で取締役に対する共通の理解が醸成されてはじめて適切に機能することが期待される。

　また、経営トップが決定して取締役会が承認した変革方針にしても実務がついてこなければ画餅に帰するわけだ。たとえば、経営の指標を売上高からROEに切り替えることは昨今のコーポレートガバナンスの潮流ともいえる。しかしその実現のための道筋を考えることが重要であり、前述のとおり取引関係の見直しまで必要となってこよう。現場レベルの取引にまで実質的な影響を及ぼしうる判断となるわけで、全社的な理解が不可欠だ。コーポレートガバナンスに対して企業のなかであらゆるレベルでの共通認識が求められ、本書がその一助になればと願うものである。

　さらに、読者として、企業経営者や実務担当者に加え、銀行で企業取引を担当する役職員を想定していることも本書の特徴だ。銀行はこれまで「メインバンク」として企業に対して一定の役割を担ってきた。ここ20年間で大きな変化がみられるとしても、その役割を過小評価することはできない。コーポレートガバナンス改革のなかで、あまり取り上げられることがなかった銀

行の役割をあらためて明確にすることが不可欠と考える。

　もちろん、昨今の銀行経営において「貯蓄から投資」への潮流変化があり、預金・融資業務の利益が伸び悩むなかで投資商品の販売等による手数料収入にウェイトを移してきているのは事実だ。しかしながら、企業に事業性資金を融資するとともに預金者にはそのリスクを遮断することが銀行の基本的機能であることに変わりはない。そしてその機能を適切に果たすためのベースはやはり、銀行が取引先のコーポレートガバナンスについて、的確に評価してアドバイスをする役割ではないだろうか。こういったなかで、法人担当の役職員が融資等の業務を行うに際し、本書が少しでも役立てば幸いである。

　コーポレートガバナンスがカバーするテーマは、買収や事業投資等の経営判断から、人事、報酬、監査等、きわめて広がりが大きい。本書ではこういった個別のテーマに特化したところまでは論が及ばないが、基本となる共通の考え方を示すことができればと考える。そして、読者がそれぞれの領域でコーポレートガバナンスの問題に直面した際に、考えるヒントを本書から得られれば望外の喜びである。コーポレートガバナンスが、形式的に取り入れられ企業統治の体裁を整えるということではなく、真に有効であらゆるステークホルダーからみて役に立つものになることを心から願っている。

序　章　7

第 1 章

コーポレートガバナンスとは何か

「コーポレートガバナンス（corporate governance）」という言葉は、日本では1990年代から「企業統治」という言葉に訳されると同時に、企業関係者のみならず広く一般に知られるようになった。とはいえ、そもそも「統治」という言葉は、本来はなじみのある言葉でもない（12ページのコラム「『コーポレートガバナンス』の訳語について」参照）。また、学術的にみても、「法学」「経済学」などさまざまな領域から論じられ、その意味することは必ずしも一様とは言いがたい。

　そこで本章では、まず「コーポレートガバナンスとは何なのか」という点を総括したい。次に、その言葉が一般に知られるようになって二十数年を経たいま、その言葉をめぐってどのような変化が起こっているのかについて総括したい。

1　一般的な定義

(1)　企業経営の規律づけ

　「コーポレートガバナンス」とは、どのようなことを指しているだろうか。コーポレート（あるいは、コーポレーション）とは、「集団活動に従事する複数の人で構成される、自発的・永続的な結合体で、独自のアイデンティティを持つ組織」（青木［2011］）だと一般には理解され、日本では「企業」と訳されている。

　次に、「ガバナンス」とは、何を指すのだろうか。日本ではこの言葉を「統治」と訳してきたが、統治とは通常「国を統治する」といった政治的な色彩の強い言葉であり、ガバナンスで意味したいことを的確にあらわせてい

るとは言いがたい。日常の会話でも「ガバナンスが効いていない」などと使われている事例から考えれば、ガバナンスとは、ある主体を意のままに自由に行動させるのではなく、ある目的や価値に基づいて行動させること、つまり、「制御、牽制する」ことを意味していると考えられる。したがって、本来は、あまり聞き慣れない「統治」と訳すより、むしろ「規律づけ」と訳したほうが理解しやすく、コーポレートガバナンスとは、「企業経営の規律づけ」と定義すべきであろう。

　このように、企業経営の規律づけを重視するようになった背景には、第5章で詳述するが、日本だけでなく世界各国で、過去幾度となく企業経営者の暴走や組織的な不祥事隠蔽によって、企業の成長が阻害され、さらには破綻するに至ったケースも存在することがあげられる。たとえば、T型車を開発したアメリカの自動車メーカー、フォードでは、創始者ヘンリー・フォードの独善的な経営により企業間競争に敗退している[1]。また、近年では、2001年にアメリカのエンロンやワールドコムが、不正会計の発覚を契機として経営が破綻した（「エンロン事件」については65ページ参照）。特に、破綻前のエンロンは、取締役会に監査委員会を導入し、他社で経営責任者を務めた経験のある人物を社外取締役に招聘するなど、当時「コーポレートガバナンスのお手本となる企業」と評されていたが、経営陣と監査法人が結託して長期間にわたり不正会計を続けていたのである。

　このように過去の歴史は、いかに卓越した経営者であっても暴走する可能性があること、また、どれほど組織等の経営の監督体制を整えたとしても機能しない可能性があることを示し、実効ある企業経営の規律づけを行うこと

1　アメリカのフォード社では、T型車という世界で初めての普及型自動車を開発し、圧倒的なマーケットシェアを誇っていた。創業者で経営者であったヘンリー・フォードは、配当をめぐる訴訟で敗訴して思いどおりの経営ができない痛手を負って以降、株主の経営介入を防ぐべく自分以外の株主から株式を買い戻し、経営権を独占した。その後、1920年代頃から自動車市場では新しいタイプの自動車に対するニーズが高まりをみせた際、彼は、ほかの役員の助言に耳を貸さずに引き続きT型車の製造販売に固執する経営方針を貫いた。その結果、フォードは消費者の嗜好変化に対応できず、シボレーというスタイリッシュな自動車を製造販売する後発メーカーGMやクライスラーに抜かれ、業界第3位の座へと転落するに至った。

| コラム | 「コーポレートガバナンス」の訳語について |

　本文で、governanceという言葉を本来は、あまり聞き慣れない「統治」と訳すより、むしろ「規律づけ」と訳したほうが理解しやすいことを述べた。このような意識は日本に限らずヨーロッパでも同じである。吉森[2007]によれば、ドイツではUnternehmensverfassungまたはUnternehmungsverfassunといった、それまでに使われたドイツ語よりも、Corporate governanceという英語のほうが、はるかに多く使用される。また、母国語を尊重する文化色濃いフランスでも、1995年がコーポレートガバナンス元年とされるが、その当時では対応するフランス語が決まらず、当初は英語でそのまま表記されていた。その後、概念が整理されGouvernement d'entrepriseと訳されるようになったという。

　それでは、corporateという言葉を日本語ではどう訳せばよいだろうか。コーポレートが組織であるならば、日本語においても、コーポレートの訳語として、「個人」経営する事業体を含む広い概念である「企業」とするのは本来相応しくない。厳密にはコーポレートとは、「法人」、とりわけ、その約半数を占めている「株式会社」を指すと考えるのが妥当と思われる。そのため、吉森[1994]や加護野ら[2010]は、企業という言葉は用いず「会社」と訳している。

　もっとも、コーポレートファイナンスを「企業融資」などと訳すように、われわれの日常では「会社」「株式会社」や「法人」という言葉よりも、「企業」という言葉を用いる機会が多い。そこで、本書でも、従来どおり「企業」という訳語を用いることとする。

の困難さを示している。

(2)　ガバナンスの主体とは

　コーポレートガバナンスが企業経営の規律づけだとすると、それは、「だれの」「何に対する」の規律づけであろうか。この認識については、見解が分かれるところである。

　大方の見方は、次の二つの形態に大別することができよう。第一の形態は、「外部主体による経営の規律づけ」である。企業を一つの集合体・組織

体としてみなして、それを外部の主体が制御すべきという考え方である。そして、その外部の主体は、「株主」であるという考え方と、株主を含むより多くの「利害関係者（マルチステークホルダー）」であるという考え方に分けられる。

　第二の形態は、「企業内部での経営の規律づけ」である。内部でのガバナンスは、取締役会による、経営者（最高経営責任者）ほか経営陣に対するものである。取締役会は、経営戦略を決定する役割のほかに、戦略が着実に遂行されているかを監督する役割を担っている。株主等の外部の主体とは異なり、企業内部、経営現場により近い立場からの監督は、より機能すると考えられている。そして、近年の議論では、この企業内部の組織に、経営陣との間で利害関係のない中立的な社外人材を登用することでさらにその機能を高めようとする方向にある（図表１－１）。

　内部でのガバナンス、すなわち、取締役・取締役会の機能に関しては、第７章、第８章で詳述するので、本章では、「外部主体による経営の規律づけ」に焦点を当て、「株主によるガバナンス」「マルチステークホルダーによるガバナンス」の二つについて考えたい。

◆**株主によるガバナンス**

　株主によるガバナンスは、「狭義のコーポレートガバナンス」ともいわれている。この考えでは、まず、企業において、所有と経営が分離しているこ

図表１－１　コーポレートガバナンスの種類

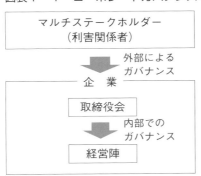

（資料）　日本総合研究所作成

第１章　コーポレートガバナンスとは何か　13

とが前提になっている。企業の所有者とは、資本を提供する主体を指す、い
わゆる株主を意味している。他方、経営者とは、最高責任者だけでなく、こ
こでは取締役や最高責任者をはじめとした経営陣を含む広い概念を意味して
いる。

　経営者は、日々事業に携わっているので企業活動の実態に精通している。
他方、株主は経営に関する情報をすべて得ているわけではないため、企業の
経営が円滑に行われているかはわからない。株主は、資金を提供してはいる
ものの、配当を得られる保証はないし、株式を売却したところで提供した金
額が手元に戻る保証もない。このような経営情報の不完全性と資金返還に対
する不安心理から、株主は企業経営を常に監視していこうとするインセン
ティブをもつようになる。この株主の要請に応えるため、経営者は株主であ
る投資家が安心して資金を提供できるよう、企業内の意思決定の仕組みや経
営が円滑に行われているか等について、適切に情報を開示する環境を整備す
ることが求められることになる。

◆マルチステークホルダーによるガバナンス

　もう一つが、広義のコーポレートガバナンスである、「マルチステークホ
ルダーによるガバナンス」である。企業は、株主によって提供される資金だ
けで活動できるわけではない。それ以外に、従業員、顧客、取引先企業、銀
行、行政機関なども、企業活動のうえでは重要な役割を果たしている。とり
わけ、日本企業では、従業員を中心的なステークホルダーととらえている。
さらに、業界団体、市民団体（NGO）、地域社会といった主体についても、
実質的には企業の経営を監視するステークホルダーの役割を果たしている。
企業は、このようなさまざまな主体と長期的な信頼関係を築くことが、持続
的に活動を行っていくためには必須である（図表１－２）。

　このマルチステークホルダーという考え方は、国内ではなじみが薄かった
が、海外では以前よりCSR（企業の社会的責任）を果たすうえで、企業が配
慮すべき主体を認識する際に用いられてきた。その証左に、ヨーロッパで
は、コーポレートガバナンスを「企業をめぐるステークホルダー間の利害を
いかにうまく調整し、企業全体の価値を最大にするか」（Tirole［2001］）と

図表1-2　マルチステークホルダーによるガバナンス

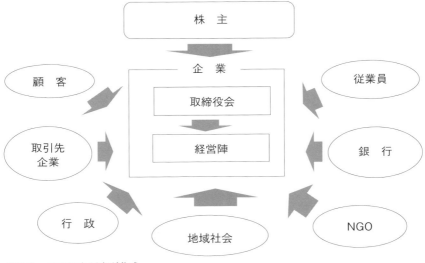

(資料)　日本総合研究所作成

する定義が一般的であった。その影響を受けて、日本でも、2015年6月に東京証券取引所が定めた「コーポレートガバナンス・コード」では、コーポレートガバナンスを「会社が、株主をはじめ顧客・従業員・地域社会等の立場を踏まえた上で、透明・公正かつ迅速・果断な意思決定を行うための仕組み」と定義しており、マルチステークホルダーによるガバナンスの考え方を取り入れている。

　ここまでは概念を説明してきたが、それでは実際に企業は外部のステークホルダーをどのようにとらえてきたのだろうか。

　やや古い文献であるが、アメリカ、イギリス、フランス、ドイツ、日本の5カ国合計で約400社を比較して、各国の企業がどのように外部のステークホルダーを意識しているかについてアンケート調査を行った研究があるのでそれを引用したい（吉森［1994］）。

　その調査結果をまとめると、アメリカ・イギリスの企業は考え方に類似性があり、それらは、フランス・ドイツ・日本の企業の考え方とは対照的であ

る（図表1－3）。

　まず、「企業はだれのために存在するか」という質問で、アメリカ・イギリスの企業では、「株主のため」という答えの占める割合が70％台以上とき

図表1－3　国別にみた企業のステークホルダーの重要度
(1)　企業はだれのために存在するか

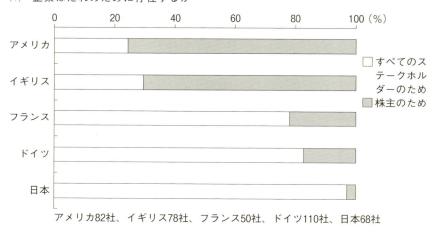

アメリカ82社、イギリス78社、フランス50社、ドイツ110社、日本68社

(2)　配当優先（株主優先）か雇用優先（従業員優先）か

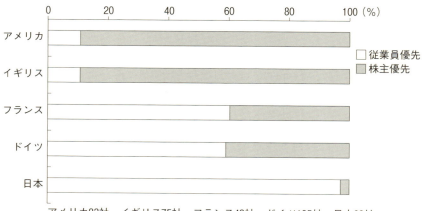

アメリカ83社、イギリス75社、フランス48社、ドイツ105社、日本68社

（資料）　吉森［1994］をもとに日本総合研究所作成

わめて高く、他方、フランス・ドイツ・日本の企業では、逆に「すべてのステークホルダーのため」という答えが多い。さらに、「すべてのステークホルダーのため」という回答率はフランス・ドイツの企業で80％前後であるが、日本では、97.1％ときわめて高い。このことは日本の企業では株主に対する意識が希薄であることを端的に示している。

　さらに、ステークホルダーを、株主と従業員の二者に絞ったとき、アメリカ・イギリスの企業の意識と、その他の国の企業の意識の違いはより鮮明になる。「配当優先か雇用優先か」、言い換えれば「株主優先か従業員優先か」という質問に対して、アメリカ・イギリスの企業はともに90％近くが配当優先、すなわち、株主を優先している。それに対して、フランス・ドイツ企業の約60％が雇用優先、すなわち、従業員を優先している。ここでも日本の企業の特異性は顕著で、雇用を優先している企業の割合が97.1％ときわめて高い。これらのことから日本の企業一般にいわれているように従業員が最も重要なステークホルダーであったことが再認識できる。

　このように、どのステークホルダーを重視するかという点でアメリカ・イギリスの企業と、フランス・ドイツ・日本の企業とは大きな違いがあり、特に日本はアメリカ・イギリスとの違いが顕著である。そのため、株主による企業経営者のガバナンスを、「アングロ・サクソン型」、ドイツ、フランス・オランダなど、従業員をはじめとしてさまざまなステークホルダーを考慮した方式を「ヨーロッパ大陸型」、さらには、そのヨーロッパ型をより従業員への配慮を高め株主への配慮を薄めたものを「日本型」と一般に区分されている。このように各国による企業のステークホルダーに関する意識の違いがあるため、アメリカやイギリスでの制度やプロセスに基づいて、日本でコーポレートガバナンス改革を進めようとするときに、多くの人が違和感をもつのである。

　だれをステークホルダーとして認識するか、また、認識したステークホルダーのなかでどのステークホルダーを重視するかという国々との相違は、企業が置かれてきた経済環境、企業が成り立つに至った歴史的な経緯、さらには、その国の企業をめぐる法律や社会的な風土といった要因からも生じてい

第1章　コーポレートガバナンスとは何か　17

る。

　特に、どのような属性の株主が多くを占めているのか、また、株主の発言力の強さがどの程度か、という要因が強く影響していると考えられるが、この点については第 2 章で詳述する。

(3)　ガバナンスの目的

　コーポレートガバナンスの目的を一言でいえば、「企業価値」を高めることである。そして企業価値とは、一般には、株主から提供された資金の対価である株式の現在価値、すなわち、時価総額と同義と考えられている。しかしながら、外部からのガバナンスには、株主によるガバナンスとマルチステークホルダーによるガバナンスの二つの考え方があるので、株主のために時価総額の増大だけを考えていては軋轢を生むケースも出てくる。地域社会、市民団体（NGO）はもとより、従業員、顧客といったステークホルダーは、金銭的な企業価値の向上を追い求めているわけではないからである。そこで、企業価値も、業績等の数値にあらわれ株価に反映されやすい「顕在的価値」と、業績等の数値にすぐにはあらわれないことから株価に反映されにくい「潜在的価値」の二つに分けられよう。そして、企業はその二つにどのように働きかけを行っているかについて考えたい（図表 1 − 4 ）。

図表 1 − 4　コーポレートガバナンスの目的である企業価値とは

（資料）　日本総合研究所作成

◆顕在的価値の最大化

　顕在的価値とは、財務諸表等の数値としてあらわれる企業価値、市場価値と定義しよう。この数値は把握しやすいことから、株主、銀行、取引先などのステークホルダーが注目する。そのため企業はまずこの価値の最大化を図ろうとする。この価値を最大にする方法とは、企業が価値を毀損することを未然に防ぐ「不正行為の防止」と、企業価値を高めるように新しい製品・サービスを新しいマーケットに展開するなどの「競争力・収益力の強化」と考えられる。

　一つ目の不正行為の防止とは、企業価値を高めるというよりは、維持しようとするものである。長年にわたって築き上げ蓄積してきた企業価値は、不正行為・不祥事によって一気に失われてしまう。それを防ぐために、適切な運営や管理体制を構築することが必要になる。もっとも、管理体制の強化は、不祥事の発生を教訓に過去幾度となく繰り返されてきたが、依然として不祥事などによる企業価値の毀損は後を絶たない。日本では、内部統制（J-SOX）が本格的に機能し始めた2009年以降も、マクロでみれば発覚した不祥事の件数にさほど大きな変化はみられないのが実情である（図表１－５）。

　二つ目は、企業の競争力・収益力を強化することである。企業の財務諸表でみれば、「トップライン」と呼ばれる、一番上の項目である売上高（営業収益）の増加と、「ボトムライン」とよばれる、損益計算書の最終の項目である最終利益の増加が考えられる。この二つの項目を増加させるため、経営陣は市場の変化を読み取り、事業ポートフォリオの組替え、また、資金・設備・人材等の経営資源をそろえたうえで、新たな事業展開を実践することが求められる。

　このように、顕在的な企業価値の最大化には、大きな損失や損害賠償を負うリスクの最小化と、利益の最大化を図るという両面が考えられることから、最近日本では、「守りのガバナンス」「攻めのガバナンス」という表現が用いられている。

◆潜在的価値の最大化

　もう一つの目的が、企業の「潜在的価値の最大化」である。企業が、従業

図表1-5　企業不祥事の発生件数

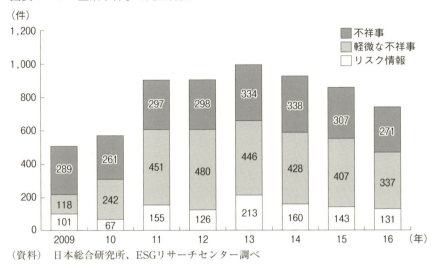

（資料）日本総合研究所、ESGリサーチセンター調べ

員について誇りのもてる組織となり、多くの顧客から愛され、さらには地域社会から尊敬される「公器」となることは、持続可能性を保つためには重要なポイントである。潜在的価値が注目されるようになったのは、特にアメリカを中心とした企業経営者が、顕在的価値に偏重したことへの反省がある。経営者が短期的な収益目標にこだわるあまり、新たな商品・サービスへの研究開発（R&D）を抑制したり、経営不振時にドラスティックな従業員の削減をしたが、多くの場合これらの行動は、結果的に企業の中長期的な発展を妨げることとなった。そのため、数値にはあらわれない企業の潜在的価値という概念に脚光が当たることになったのである。潜在的価値を最大化にするためには、さまざまな方法が考えられるが、その代表的なものは、従業員向けの取組み、雇用施策であろう。手厚い給料のほか、安定的な就業環境や適切な教育訓練の場の提供などがあげられる。そして近年では、女性をはじめとする多様な人材の個性を尊重して、その能力が最大限に発揮できる柔軟性の高い組織を構築する「ダイバーシティ施策」が注目されつつある。また、地域社会向けの取組みとしては、適切な地球資源の活用や廃棄物の処理、地

球温暖化への対応、そして、地域コミュニティへの配慮やサプライチェーン全体を通しての児童労働撲滅などの「環境配慮・社会的使命の達成」が行われている。このような幅広い取組みは、近年では環境（Environment）、社会（Social）、ガバナンス（Governance）の頭文字をとって、ESGへの取組みと呼ばれている。

2 なぜ近年コーポレートガバナンスが重要視されるのか

それでは、なぜいまなお、コーポレートガバナンスのあり方が議論されるのか。端的にいえば企業を取り巻く環境に大きな変化が起き、経営判断の仕組みやステークホルダーとの関係性が根本から見直されているからである（図表1－6）。

(1) 企業間競争の激化

第一に考えられるのは、企業間競争の激化である。企業活動の「グローバル化」そして、IoTやAIといった概念に代表される「デジタル化」の進展が

図表1－6　企業を取り巻く環境変化とそれを受けた企業の変化

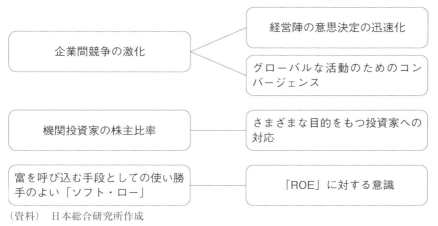

（資料）　日本総合研究所作成

相互補強的に加速してきたことがその根底にある。その結果として、企業は、これまでの経験があてにならない新たな局面に遭遇している。この局面では変化が激しく中長期的な経営計画の遂行だけでは十分ではない。柔軟かつアジャイル（機動的）に経営計画を見直すことにより、不採算部門からの撤退・事業再編や、M&Aを通じて外部資源を取り込むなど、いわゆる事業ポートフォリオの入替えを迅速に行うことも求められる。しかし、このような行動を実践するうえで、従来の日本型経営では二つの課題が浮かび上がった。

　まず一つ目は、意思決定のスピードである。企業は、自社の置かれた状況、リスク等を認識して意思決定を素早く行うことが求められている。しかしながら、日本の経営は経営陣の全体のコンセンサスを得てはじめて意思決定がなされる傾向がある。ここで日本を代表する企業の経営者である川村隆氏（元日立製作所最高経営責任者）の言葉を引用したい。「日本の経営は村落共同体的なところが非常に多く、常務会でいろいろな意見が出る中で、その意見の総平均値的な結論で運営している。どの人からもあまり大きなクレームにならない程度のところに村長が落としどころを決めていくようなやり方だった。その結果が当社の2008年の結果であり、大きな赤字を出してしまったので、この方式ではいけないと思った。そこで、CEOが中心になって会社全体を機能体的に、村落共同体ではなく機能体としての運営がちゃんとできるかどうかというところで改革を行った」（経済産業省CGS研究会第2回議事要旨より）というものである。つまりは、日本型経営の企業では、執行役会といった意思決定機関が十分に機能していない可能性がある。そこで、取締役会の監督機能を強化することで、経営陣、とりわけ、経営者による積極果敢な経営判断が行えるための環境を整えているのである。

　もう一つの課題は、海外展開を進めるなかで、日本企業がいかにグローバル企業へと変貌を遂げられるかという点である。1990年度時点では20％に満たなかった日本の製造業の海外売上高比率は、ほぼ一貫して上昇を続け、2015年度時点では52％に達している（図表1－7）。

　このように海外売上高比率が上昇したのは、新たに海外市場を開拓して製

図表1-7　東証一部上場製造業の海外売上高比率推移

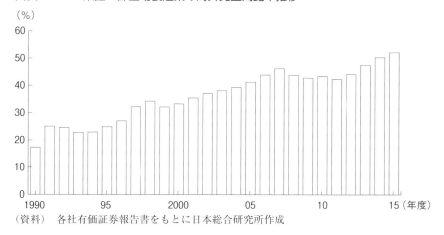

（資料）　各社有価証券報告書をもとに日本総合研究所作成

品を輸出したからだけでなく、海外の企業を子会社として買収したことにもよる。海外の企業を買収するとなると、グループ全体の調和をどう図るかが新たな課題となってくる。企業風土も違えば、経営管理の手法も異なる企業群の統一をどのように図るのか。また、現地の企業に関する法律にも適合しなければならない。そのためには、企業がもともと保有する規則を柔軟にコンバージェンス（適合）することが可能で、まずは骨太に「企業のあり方」をまとめたコーポレートガバナンス・コードを定めることが有益であると考えられる。

(2) 機関投資家の株主比率

　第二に考えられるのは、株式持ち合いの解消に伴い、機関投資家、とりわけ海外の機関投資家の株式保有比率が上昇したことである。

　日本では、1970年代後半〜80年代にかけて、「株式持ち合い」によって銀行や企業の持株比率が高かった。第2章で詳細を述べるが、企業経営者は、株式持ち合いによって、企業買収の脅威から解放されるとともに、業績や配当に関して株主からのプレッシャーにさらされることがなくなり、自らが想定したとおりの経営の舵取りをすることができていた。

しかし、1990年代に入ると状況は一変し、バブル経済が崩壊する過程で銀行は保有する企業の株式を売却した。この銀行が売却した株式をもっぱら購入したのが、株式を運用する機関投資家、特に海外の機関投資家である。外国人投資家の持株比率は、1990年代前半までは、おおむね4～8％台で推移していたが、1995年度に初めて10.5％と二桁に乗せると、その後は2003年度に21.8％と20％台に乗せ、2014年度には30.8％と急速に上昇している。また、国内の機関投資家である信託銀行も、集計が開始された1986年度の株式保有比率は7％台であったが、その後上昇し、2000年代に入り、おおむね20％弱を維持している（図表1－8）。

　機関投資家の台頭は、日本独自の現象ではなく世界的な潮流である。個人投資家は数多く存在してきたが、その後、資本蓄積が進み、さらに高齢化が進んできた先進各国では、伝統的機関投資家と呼ばれる、年金や保険、投資信託を運用する金融機関の比重が増すという「機関化現象」が起きている。機関投資家は、まずアメリカで成長してきたのだが、それまでの投資家とは行動が異なる。それまでの投資家は、投資先企業の株式売却を盾に、経営者

図表1－8　機関投資家（信託銀行、外国法人等）の持株比率推移

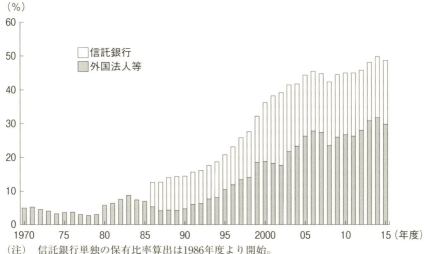

（注）　信託銀行単独の保有比率算出は1986年度より開始。
（資料）　日本取引所グループ「2015年度株式分布状況調査」をもとに日本総合研究所作成

に業績を改善させようとプレッシャーをかける方法（「ウォールストリート・ルール」）をとるが、機関投資家は預託を受ける資金が中長期であるがゆえに、株式売却という手段はとりにくく、考え方や資本政策に対する意見を企業にダイレクトに伝え、株主総会の場での議決権の行使を梃子に、経営者にプレッシャーをかけるようになった。そのため、投資家が理解でき納得できる緊密なコミュニケーションと、経営の透明性を高め企業のガバナンス構造をわかりやすくすることが求められた。その一環として、企業内の利害関係に影響されない独立性をもった取締役を配置し、監督機能を充実させる必要が生じているのである。

　なお、海外の機関投資家は一様でなく、いくつかの類型に分かれることにも留意すべきである。これまでは、その中心的な存在である大規模な年金基金などの中長期保有志向の投資家について説明してきたが、それ以外に、短期保有志向の投資家も存在する。特に2000年代入り以降、「ファンド」と呼ばれる新しいタイプの投資家が登場している。また、「物言う株主」と呼ばれるアクティビストも短期保有志向の投資家である。さらに、インターネット等の情報通信インフラの発達から、1日に複数回の取引を行い、細かく利益を積み重ねる売買手法をとる「デイトレイダー」と呼ばれる、新たな投資家も出現している。

　機関投資家の関心事もまたさまざまである。中長期保有志向の投資家は、長期間にわたり安定した経営を進めていくことに関心がある。たとえば、企業が将来の事業機会獲得につながる投資を行っているか、次世代の経営者を育成する取組み（サクセッション・プラン）を継続的に行っているかなどである。そのため、全体としては、こうした株主との「対話（dialogue）」や「約束（engagement）」を重視するとともに、経営者の後継者選定等の意思決定において透明性を高める取組みが必要である。短期保有志向の投資家は、1年後の業績・成果といった短期的視点に基づく評価が支配的であり、毎期どのようなかたちで業績を伸ばしていくのかに関心がある。そのため、企業は説得力のある業績計画を示すことが必要となる。さらに、デイトレーダーは、売買の判断材料となる企業の日々の情報に関心がある。そのため、企業

としては、四半期報告はもとより適時的確な情報開示に対するニーズに応える必要がある。このように企業は、銀行などのかつての安定株主への対応とは異なり、機関投資家のタイプに応じてきめ細かく対応し、注意を払うことが求められるようになった。

(3)　富を呼び込む手段としての使い勝手のよい「ソフト・ロー」

第三に考えられるのが、このコーポレートガバナンス改革を各国政府が、「成長戦略」に分類される政策の一つとして考えていることである。その背景にあるのは、企業が成長する環境を構築して、海外の有力企業を自国内に呼び込もうという、いわば「産業インフラ」として、コーポレートガバナンス改革を進めているのである。しかし、企業の自主性を重んじた自由主義経済の建前上、国として、企業行動を規定する新たな法律を制定しにくい環境にある。また、法的構造を変えても、ステークホルダー間のバランスを適切に保つことも求められる。さらに、効果検証や、パブリックコメント等広く意見を求める手続も必要となり、制定までに相当の期間を要することになる。そこで、法律というハード・ローではなく、機動的に対応できるソフト・ローであるコードが用いられたのである。一般にコードは、実際の企業の実例、ベストプラクティスを基礎として作成されているため、企業に好ましい慣行の集約であり、取り入れやすいものだと考えられている。また、法律でないことから、随時その内容の見直しや変更ができる。事実、日本に先行してコードを2002年に制定したドイツでは、企業の取組みの実情や経済状況の変化にあわせ、毎年のようにコード内容を微修正している。

日本の場合、コーポレートガバナンス・コードで目指されているのは、企業収益力の改善、「稼ぐ力」の回復である。日本再興戦略[2]に示されているとおり、企業の収益力が向上することで、国内での投資が喚起されるととも

2　その嚆矢は、2013年5月、いったん政権の座を降りた自由民主党の日本経済再生本部による「中間提言」の一項目にみられる。その中間提言がほぼそのままのかたちで、その後の第二次安倍内閣の成長戦略「日本再興戦略」に盛り込まれた。

図表1-9　日本企業の内部留保の高まり

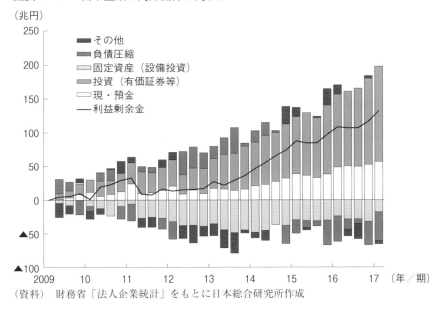

（資料）　財務省「法人企業統計」をもとに日本総合研究所作成

に、企業で働く従業員の給料の上昇にもつながる。そして、それらが国内消費需要を喚起して、国内経済が活性化するという「トリクルダウン効果」が期待されたのである。日本企業の収益はここ数年で改善したが、その果実が内部留保というかたちで企業内に溜め込まれて、投資の喚起や従業員の給料の上昇というかたちで還元されていないという指摘がなされている（図表1-9）。その背景には、企業経営者の「内向き」志向、すなわちより高収益を目指す旺盛な事業意欲がない点が課題であるという認識のもと、株主からのプレッシャーを強めて企業経営者のマインドを変えていくことができるかが焦点となった。

　そこで、企業の収益力を評価する尺度としてコーポレートガバナンス・コードの制定とほぼ同じ時期に、「ROE経営」がスローガンとして掲げられた。現在では、「ROE○パーセント」といった数値目標を掲げる企業が急増している（図表1-10）。また、スチュワードシップ・コードにのっとり、株

図表1-10 ROEの数値を開示資料に盛り込む情報開示数

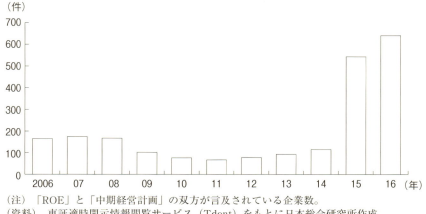

（注）　「ROE」と「中期経営計画」の双方が言及されている企業数。
（資料）　東証適時開示情報閲覧サービス（Tdent）をもとに日本総合研究所作成

主総会で議決権を行使する「議決権行使精査要領」を定めた各機関投資家も、企業が目標として掲げるROEの達成状況を精査している。

ROEを使用するには注意を要する（コラム「日本の企業は収益力が低くなっているのか」を参照）ものの、株主の存在感が薄かった日本企業にとって、株主との対話を進める際には用いやすい指標だといえる。

3 これから求められるコーポレートガバナンスとは

　本章では、ここまでコーポレートガバナンスとは何かを概観し、企業経営に関心をもつステークホルダーが多様に存在していることを示した。そして、近年、コーポレートガバナンスのあり方が議論されている背景には、国際的に企業間競争が激化したこと、日本特有の事情をみれば、従前に存在していた銀行等の安定株主の割合が減り、収益性や株主還元などを基準に意見を表明する株主である機関投資家の割合が急増したこと、さらには、政府が富を還流させる方策として企業の収益力を高めるために、立法によらないソフト・ローを用いようとしていることを指摘した。

この先に日本が直面する将来については、いくつかの確実なことがある。新興国の企業も含めた国際的な企業間競争はさらに熾烈になっていくだろう。また、資本蓄積が進み、そして、蓄積が進んだ国では年金等の運用ニーズが高まる機関投資家の役割が高まり、株主たる彼らの発言力はますます強くなる。さらには、インターネットの発達によって世界各地での企業の活動はほぼ時間差なく把握できるようになっており、今後、機関投資家等の株主だけでなく、顧客、NGO、あるいは地域社会といったさまざまなステークホルダーが、企業行動に対する関心を高めていくであろう。

　これらを総合すると、企業がビジネスを行っていく環境はさらに厳しく、かつ、ステークホルダーによる統制・監視もさらに厳格になり、経営者をはじめとした経営陣には、迅速で的確な経営判断が求められ、恣意的な裁量の余地は少なくなることが予想される。ここ数年で進められたコーポレートガバナンス改革でみえてきた企業経営の「窮屈さ」は、決して一時的なものではなく、むしろ端緒にすぎない。企業経営者、それを支える経営陣、ひいては、その配下にいる人々は、さまざまなステークホルダーの要望に応じつつ行動することが求められるだろう。まさにバランスの悪い「ヤジロベエ」を操るように、経営を遂行していかなくてはならず、企業経営の舵取りは、ますますむずかしくなっていくことが想定される。

　近年のわが国における一連のコーポレートガバナンス改革は、まぎれもなくアングロ・サクソン型と呼ばれるアメリカ・イギリスの制度の導入を企図しているが、これまで最もその対極にあった日本型の経営システムにとっては、アメリカ・イギリスの制度をそのまま取り入れることはむずかしい。しかしながら、これまで一見すれば異質に思える制度を柔軟に取り入れてきたのが、常に変化に向き合ってきた国、日本の企業の特質である。たとえば、これまで従業員施策において、永年続いてきた長期雇用制度の大枠は維持しつつも、年功序列制度を緩和しつつ新たに成果主義を導入するなど、伝統と新機軸の掛け合わせを実践してきた。したがって、このコーポレートガバナンスにおいても同様のことが考えられるのではないだろうか。つまり、改革は、あくまでここ20年間で見劣りしてきた日本の企業の成長力を高めるため

第1章　コーポレートガバナンスとは何か　29

のツールだととらえるのである。

　経済環境の急激な変化に適応できずに弱まった金融機関による経営の監視という仕組みを、機関投資家を中心とした株主が担うものへと作り変えていく。そのために、企業は経営の透明性を高める努力を行うが、それと同時に、株主との対話を深め、企業がこれまで培ってきた価値観は引き続き共有し保持していく。このようにアメリカ・イギリスの制度を単純に取り入れるのではなく、アレンジしてこれまでの日本の経営システムの長所と融合させる「ハイブリッド方式」を創出していく取組みが期待されるであろう。

コラム　日本の企業は収益力が低くなっているのか

　日本企業のROEを時系列推移でみると、1970年代には20%を上回る時期もあったが、近年は10%台前半にとどまることから、日本企業は長期的に収益性が低下しているという指摘がよく見受けられる（図表1-11）。

　しかし、収益性を「売上高経常利益率」で測れば、1970年代の水準を足許で軒並み上回っている（図表1-12）。これは、ROEを算出するうえで分母が純資産で、企業の増資等に制約があった1980年代までは、企業が銀行借入れで資金調達をしたため、純資産が小さかった、つまり、ROEは高い数値となった可能性が考えられる。このように、エクイティファイナンスにより企業が容易に増資できるようになった等、経済環境が大きく異なることでROEの値は大きく変動する場合がある。収益性の推移をROEで比較、分析する際には、こうした環境変化についても留意すべきであろう。

図表1-11　ROE（経常利益／純資産）の時系列推移

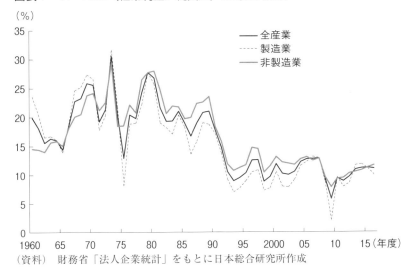

（資料）　財務省「法人企業統計」をもとに日本総合研究所作成

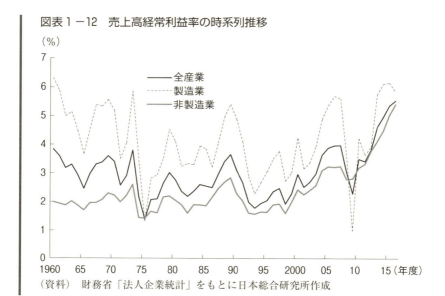

図表1-12　売上高経常利益率の時系列推移

（資料）財務省「法人企業統計」をもとに日本総合研究所作成

【参考文献】
加護野忠男、砂川伸幸、吉村典久［2010］『コーポレート・ガバナンスの経営学――会社統治の新しいパラダイム』有斐閣
経済産業省CGS研究会（コーポレート・ガバナンス・システム研究会）第2回議事要旨
http://www.meti.go.jp/committee/kenkyukai/sansei/cgs_kenkyukai/002_giji.html
日本経済団体連合会［2006］「我が国におけるコーポレート・ガバナンス制度のあり方について」経団連ホームページ
日本取引所グループ「2015年度株式分布状況調査」
吉川満、伊藤正晴「株式持ち合いは何故解消したか(2)」資本市場研究会、月刊資本市場、2005年3月号、No.235
青木昌彦［2011］『コーポレーションの進化の多様性』NTT出版、谷口和弘（翻訳）
吉森賢［1994］「ドイツにおける会社統治制度――その現状と展望」横浜経営研究、第XV巻第3号
吉森賢［2007］『企業統治と企業倫理』放送大学教育振興会
Tirole［2001］"Corporate Governance", *Econometrica, Volume 69, Issue 1.*

第 **2** 章

銀行によるガバナンスの変遷

日本では、戦後から2000年代初頭まで、金融機関とりわけ民間の銀行が企業のガバナンスの充実において大きな地位を占めてきたといわれる。銀行は「政策保有投資」や「株の持ち合い」と呼ばれる資本取引を通じて企業と密接な関係を構築し、多くの人々から集めた資金を企業の中長期的な成長のため、あるいは、経営危機に陥ったときには経営再建のための原資として融資してきた。こうした銀行との関係が、後年「ケイレツ取引」、「長期雇用制度」といった慣行とあわせ「日本的経営」と称され、わが国経済が戦後から急速に回復し高度経済成長に至ることができた原動力であると内外から高く評価された。しかしその後、金融を含めた経済環境の劇的な変化で、銀行の立ち位置は変わり、それまで評価されてきた銀行によるガバナンスに批判の声が集まるようになった。

　そこで、本章ではこの「銀行によるガバナンス」がどのような特徴をもち、それがどのように変化したのかを分析する。そのうえで、これから銀行はどのような方向に向かっていくべきかについて考察したい。

1　銀行によるガバナンスとは何か

⑴　「メインバンク」による企業経営の規律づけ

　日本における「銀行によるガバナンス」とは、端的にいえば、「メインバンクによる企業経営の規律づけ」と考えられる。それは、現在も一定の効果を発揮しているが、最盛期は1960年代頃から、いわゆるバブル経済が膨張する前の1980年代前半までとされている。

そもそもメインバンクとは、どのような銀行を指すのであろうか。青木ら[1996]は、メインバンクとは、特定の銀行が、「ある企業に対して、長期かつ継続的に最大の融資シェアを有していること、大株主であること、役員派遣などの人的関係があること」という三つの特徴をもつとしている。

　第一の特徴である長期かつ継続的に最大の融資シェアを有していることについては、戦後日本では社債発行等に規制があり企業の資金調達手段が限定され、旺盛な設備投資のための資金需要は満たされず、慢性的な資金不足が生じていたことがその背景にある。政府系金融機関に加えて民間の大手銀行は、どの業種のどの企業、さらには、どの事業に資金を重点的に供給するかについて大きな影響力を有し、企業の投資行動に介入していた。このように銀行がマクロ的に経済全体を俯瞰したうえで、資金配分を行う役割を担ってきたことは、必ずしも資金が潤沢でなかったわが国で、製鉄や造船といった重厚長大産業を一気に成長させる要因の一つだったと考えられている。

　第二の特徴である銀行が大株主として一定の株式を保有することは、「政策保有投資」と呼ばれている。この株式保有は、「純投資」、つまり、保有する株式の配当や値上り益（キャピタルゲイン）が目的ではない。銀行は、株式保有を通じて企業にとってより密接な利害関係者となることで、預貸金取引に加えて、債券発行や支払決済といった手数料取引、さらには従業員取引などの関連取引といった、複合的な取引の獲得を目指していたのである[3]。

　さらに、この株式の政策保有は、金融機関が企業の「安定株主」となることも意味していたため、企業側にとっても、多大なメリットがあった。安定株主は、企業経営者と友好的な立場で、企業外部の主体ではあるが実質的に企業内部の主体と同等と位置づけられるものである。その役割は、一義的には暗黙の約束ではあるが、企業に敵対的な買収が仕掛けられた場合に、銀行が保有する株式を仕掛けた第三者に売却しないことである。この暗黙の約束

3　もちろん、銀行としても経済が右肩上がりの成長基調の経済情勢下にあって、将来的に株価の上昇による含み益という経営の「バッファー」を獲得することも期待していただろう。事実、バブル崩壊による多額の不良債権が発生した時には、保有株式を売却し、簿価と時価の差額である含み益を実現することで、会計上の貸倒損失の処理に充当していた。

を強化するために、さらに、企業が銀行株式を保有するという、「株式の持ち合い」が行われた。株式持ち合いの仕組みは、戦後に財閥が解体され、持株会社が保有していた大企業の株式が市中に大量に放出された時点から始まったとされている。株式の引受け手が少ないなか、銀行が中核となって企業間で株式を相互保有することとなったのである（コラム「株式の持ち合いは日本特有なのか」参照）。その後、日本がOECDに加盟した1964年を挟む1950年代～60年代にかけて、株式の持ち合いはさらに進んだ。それは、OECD加盟国の基準を満たすため資本移動の自由化が進むと、海外の資金による日本企業に対する株式の公開買付け（TOB）が起きるのではないかという懸念が強まり、その対抗策として安定株主を確保するという動きにつながった。

　そして、1980年代は当時の株式市場が活況であったことを利用して、企業・銀行ともに新株発行による資金調達（エクイティファイナンス）を大規模に行い、株式の持ち合いはいっそう進むことになった[4]。

　この安定株主の企業にとってのメリットは、敵対的な買収への防御だけにとどまらなかった。安定株主は、株主総会での議決権行使による意見表明を事実上放棄していたため、株式への配当、取締役の選任・解任、合併といった決議事項について、常に企業経営者の考えに同意するものであった。これにより、経営者は企業の外部にある株主の意向に左右されることなく、想定したとおりに経営を舵取りすることができた。このため、第1章で説明したとおり、日本企業は、業績の短期的な変動にとらわれず従業員に対して安定的な雇用環境を提供するなど、企業活動の根幹を支える従業員というステークホルダーを最優先に配慮することができた。その結果として、企業の内部だけで十分な人的リソースをまかないつつ、中長期的な計画に基づく新たな事業や商品・サービスの開発を実現することが可能であったと考えられる。さらに、経営戦略・財務戦略上でもメリットがあった。株主から業績向上の

4　この背景には、1988年に合意された国際的な金融規制である「バーゼル規制（当時は、『BIS規制』と呼ばれた）において、株式の含み益を自己資本の一部に算入することが認められたため、銀行に株式保有のインセンティブがあった。なお、BIS規制の合意に際し、貸出資産対比でみた自己資本が少なく、規制の基準となる自己資本比率8％の達成が厳しかった邦銀のために、わが国当局は株式の含み益の自己資本への算入に強く働きかけたといわれている。

> **コラム**　**株式の持ち合いは日本特有なのか**

　株式の持ち合いは、一般に日本特有の現象のように思われている。しかし、かつてフランスやドイツでも似たような状況があった。1995年末時点でアメリカ、イギリス、フランス、ドイツ、日本の主要先進5カ国のセクター別の株主を比較してみると、アメリカ、イギリスでは、保険会社・年金基金といった機関投資家が最大の株主であるが、フランス、ドイツ、日本では、事業法人、銀行の株式保有比率が高い（図表2－1）。

　このように、フランス、ドイツ、日本は、いわゆる株式持ち合いの比率が高かったことから、資本市場や株主からの圧力を強く意識することなく、経営陣が経営を行うことができた。ここにも、第1章でみたとおり、従業員、ならびに、すべてのステークホルダーに配慮した経営が可能であった理由があると考えられる。

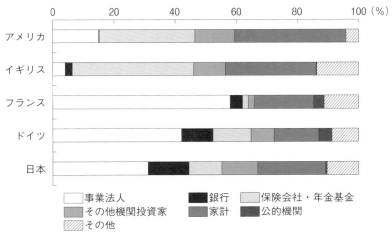

図表2－1　主要5カ国におけるセクター別株式保有比率（1995年末）

凡例：事業法人／銀行／保険会社・年金基金／その他機関投資家／家計／公的機関／その他

（資料）Aldrighi［2003］をもとに日本総合研究所作成

要請や多額の配当要求の圧力が小さかったため、利益率が低くなることをおそれずに積極的に事業拡大（シェア拡大）に取り組むことができるとともに、配当をできるだけ抑えて自己資金を厚くすることで、その資金を事業投資に充当することができたのである。

　第三の特徴である役員派遣は、非常に多くの企業が受け入れていた。広田［2012］が行った約500社を対象にした時系列的調査によれば、1970年代より、メインバンクから役員の派遣を受けている企業の割合は、2000年頃までほぼ不変で50％前後、すなわち2社に1社はメインバンク出身者が企業の役員を務めていたことがわかる。その数値は、近年下がってきてはいるものの、2010年時点でも38％にのぼっており、いまだ3社に1社は、メインバンクの人材が経営に参画していることがわかる（図表2－2）。

　役員派遣は、もちろん受け入れる企業にとって、派遣された人間が銀行時代に培ったビジネススキル、あるいは、さまざまな顧客と接することにより保有している人的ネットワークを、その企業で活用できることにメリットが

図表2－2　メインバンクから役員を受け入れている企業数の推移

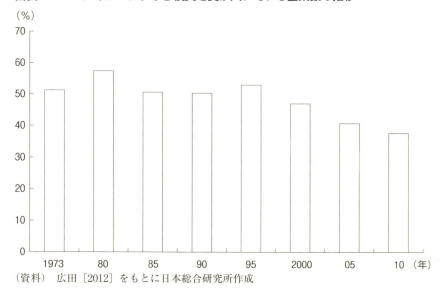

（資料）　広田［2012］をもとに日本総合研究所作成

あるものである。他方、銀行にとっても、企業内部の情報を獲得しようとする際のパイプ役、すなわち「企業の窓口」となるため、有益であった。特に、本章で後述するとおり、企業の経営が厳しくなった局面を迎えたときには、その人物が企業と銀行との緊密な連携体制を構築するのに機能していたと考えられている。

(2) 銀行のガバナンス機能

それでは銀行は、具体的にどのように企業経営の規律づけを行ってきたのだろうか。その機能は、以下の三つに集約できよう（図表2－3）。

第一の機能は、最も重要とされる、企業向けの融資を通じて経営判断に関与することであり、一般に銀行による「モニタリング」とも呼ばれるものである。

モニタリングの方法は2段階が考えられる。第1段階は、企業に融資を提供する段階でのモニタリングである。たとえば、企業から事業拡大のために設備資金の借入れを申し込まれた際に、銀行はその資金の使途が妥当か、金額は過大ではないのか、あるいは、最終的に返済が可能か等を多角的に判断するが、これは実質的には企業の経営判断に関与することである。第2段階は融資期間中におけるモニタリングである。融資が長期間にわたる場合には、その銀行は、企業からたとえば半年、ないしは、四半期ごとなど定期的に業績の報告を求めて業況をチェックする。もし、業況が計画どおりに進まないときには、借換えの前に計画の見直しとその実行を企業に要請する。こ

図表2－3　銀行のガバナンス機能

（資料）　日本総合研究所作成

のように銀行は、2段階で経営陣にプレッシャーを与えてきたのである。

　二つ目の機能は、一番目の延長として、企業にとっての「ラストリゾート（最後の貸し手）」である。企業が経営危機に陥ったとき、メインバンクは企業の立ち直りを支援する。これは、単純に自分の銀行の元金返済猶予や金利支払の猶予、金利減免といった金融面からの支援だけにとどまらない。銀行の役職員を企業に送り、再建計画の策定やその実行の支援も行う。また、メインバンクでない銀行の融資の肩代わりや資本市場で期限を迎える社債の自行の融資への切替えを通じ、金融債務を自行に一時的に集中させることもある。それにより、銀行が先導して低稼働となった資産や事業部門の売却を進め、新たな支援者や提携先のマッチングも行う。このように金融支援に加えて再建計画の立案とその実行までを銀行が支援する行動は、1970年代のオイルショック後や1990年代後半～2000年代初めのバブル経済崩壊後に危機に直面した企業が増加した時に数多くみられた。現在でも大手企業が経営危機に直面したときなどに銀行の支援が行われているが、再建計画の立案とその遂行までに関与するケースは少なくなり、機動的な資金確保ための追加融資枠の設定や、返済猶予や金利減免といった金融支援が中心になっている。

　そして最後の三つ目の機能が、最高経営責任者（経営者）の任免である。株式の持ち合いが盛んだった頃は、株主からの取締役会等の経営陣へのプレッシャーが弱いなか、取締役会メンバーは実質的に経営者によって選ばれた社内昇格者のみであった。そのため、経営者が独断で経営を進めた場合には、歯止めを利かせることがきわめてむずかしい状況にあった。そこでメインバンクが、派遣した取締役を梃子にして、経営者の退陣・刷新を行っていたのである。

　以上三つの役割から、かつて日本では銀行によるガバナンスが実効性を伴うものであったことが理解できよう。もっとも、ここで留意すべき点がある。銀行のガバナンスは「デットガバナンス」とも呼ばれるとおり、その本質は第一の機能としてあげた融資を通じた企業経営のモニタリングである。一方で大量の株式を保有しつつも株主総会における議決権の行使を見送っていた。このことが、長年にわたり日本企業の株主総会の場で、株主と企業経

営者の間で緊張感のある有意義な対話が実現しなかったという弊害、「株主総会の形骸化」をもたらしたことにつながっている。逆に、株主総会が形骸化していたからこそ、公共性を有する銀行が企業への規律づけを行うことへの社会的な期待が存在したともいえる。それゆえ、その期待に応えるべく銀行は、第二の機能としてみたとおり、ラストリゾートとして、金融面の支援にとどまらず、再建計画の立案やその遂行までを積極的に担ってきたのだと考えられる。

2 銀行によるガバナンスを取り巻く環境変化

　このように銀行によるガバナンスが機能し、かつては社会的な評価や信認も得ていた。しかし1980年代に入って、その機能は弱まっていった。その背景について、資金調達力を高めた企業が銀行から資金を調達しなくなったという経済的な要因、さらに、銀行によるガバナンスに対する批判が高まったという社会的な要因の両側面から説明できる。

(1)　企業の資金調達力の強化

　1970年代末から、金融の自由化が徐々に進み、たとえば企業の社債に発行限度額といった発行条件が緩和された。これにより財務体質が優良な企業は、潤沢な内部留保を抱えるうえに、規制改革により転換社債・ワラント債の発行などで金融市場から直接資金を調達することができるようになったため、銀行からの融資を必要としなくなっていった。さらに、旺盛な資金需要があった製造業の各企業が全体的に成熟期を迎え、終戦後から高度経済成長期にかけてみられたような資金不足の状況は解消された。こうして銀行が融資をツールに企業の意思決定に関与していくことが困難になっていったのである。1998年に実施された内閣府の調査によれば、銀行によるガバナンスはかなり弱い状況にあった（図表2－4）。メインバンクのコーポレートガバナンスへの影響力は、「強い」が6.3％で「どちらかといえば強い」が27.9％と

第2章　銀行によるガバナンスの変遷　41

図表2－4　コーポレートガバナンスへの影響力

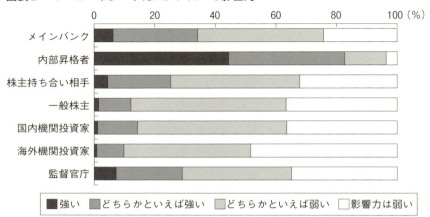

（資料）　内閣府［1998］「企業行動に関するアンケート調査」をもとに日本総合研究所作成

合わせても約34％にすぎず、「どちらかといえば弱い」41.5％と「影響力が弱い」24.3％の合計約65％を大きく下回る。他方で内部昇格者は、「強い」が44.4％で「どちらかといえば強い」が38.2％と合わせて約82％ときわめて高く、「一般株主」「国内機関投資家」「海外機関投資家」の影響力はまだ弱い。この時点で銀行による企業へのガバナンスへの影響力は弱くなり、実質的に企業をコントロールしていたのは内部昇格者からなる経営陣というケースが多くなっていたことがわかる。

(2) 保有株式の売却に呼応した、機関投資家の存在の高まり

さらに第1章で説明したとおり、銀行は株式売却を進め、株式保有比率を大きく低めることになった。バブル経済崩壊後、不動産・建設・流通からなる三つのセクターを中心に多額の不良債権問題が発生したため、銀行は、いわゆる「クロス取引」と呼ばれる手法を用いて、取得原価が低い企業の株式をいったん売却し、その後すぐに買い戻して「含み益を実現」する手法により不良債権の償却原資を確保して、会計上の損失処理を行った。

一連のクロス取引を通じて銀行が保有する株式の簿価は上昇し、含み益は次第に失われていった。こうしたなか、国際的な会計基準に平仄をあわせる

かたちで、銀行が保有する政策投資株式を含む大半の有価証券の評価損を自己資本比率の算定における自己資本から減額し、「資本直入」する制度（一般に「時価会計制度」といわれる）が、2001年9月期から導入された。皮肉なことに、政策投資株保有は、1988年に合意したBIS規制対応においては、本章2−(1)注4で述べた評価益の算入によりインセンティブとなっていたわけだが、1990年代半ばからのクロス取引で上昇した簿価と、下落する株式相場が相まって銀行の決算も大きく左右するリスクとなった。すなわち、将来的に株価が下落する可能性がある株式を保有することが、銀行にとって経営リスクに直結することが明確となったわけである。さらに同じく2001年には「銀行等株式保有制限法」が成立し、銀行は自己資本相当額を超える額の株式保有が禁止されることになった。そのため、銀行は制度導入に先行し、1990年代末より買戻しを前提としない保有株式の売却を開始することになった。

さらに、国際的な金融規制である「バーゼル規制」の改訂である「バーゼルⅡ（当時は「新BIS規制」と呼ばれていた）」制定作業のなかでも、やはり銀行による時価の変動リスクを伴う株式保有が問題視され、リスクウェイトが大幅に引き上げられることとなる。すでに保有していた政策投資株に対して10年間の猶予期間（いわゆるグランドファザリング）があり、2006年のバーゼルⅡの導入時は従来と変わらない規制であったが、邦銀では、これに先行するかたちで保有株式の売却が進んだ。これらの結果、1990年代前半に15％程度であった銀行（都銀・地銀）の保有株式比率は、2000年代初頭にはおおよそ10％まで低下した（図表2−5）。

景気低迷が長引き不良債権処理が続いたことに加え、銀行が一連の制度変更への対応に振り回されながら大量の保有株式の売却を続けた結果、株式市場の大幅な値崩れを引き起こし、2003年3月末時点で日経平均株価は8,000円台を割り込むに至った。このため逆説的であるが、保有株式の下落リスクを避けようとする行動であったにもかかわらず、大手行だけでも保有株式の含み損は一時6兆円に達したといわれている。

そのため、さらに保有株式の売却に拍車がかかった。その結果、銀行の株式保有比率は2005年度にかけてほぼ5％まで低下した[5]。その後も5％水準

第2章　銀行によるガバナンスの変遷　43

図表2-5　セクター別株式保有比率推移

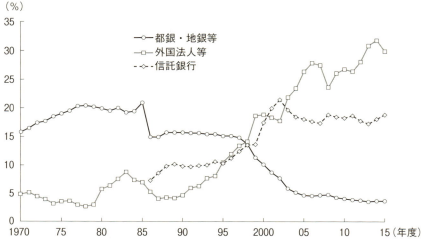

(注)　1986年度以降、信託銀行の保有比率が単独で集計されるようになったことから、都銀・地銀の保有比率がその分低下している。
(資料)　日本取引所グループ「2015年度株式分布状況調査」をもとに日本総合研究所作成

で推移しているのは、リーマン・ショックを契機とした、銀行に対するさらなる国際的な金融規制であるバーゼルⅢで銀行の財務内容の健全性を求める声が高まり、各行とも株式保有には慎重姿勢だったからである。

(3) 銀行によるガバナンスへの批判

　1990年代に日本で起きたバブル崩壊の後、メインバンク制、および、メインバンクそのものが批判を受ける場面が多くなった。
　その主張の一つが、一部の経済学者による、銀行によるガバナンスがむしろ日本経済成長率を押し下げた、というものである。星・カシャップ[2011]の主張は、要約すれば次のとおりである。1990年代初めに株価下落と地価下落によって銀行の不良債権が急増した時、銀行は財務体質が弱まっ

5　実際には、2006〜08年度にかけ企業業績が回復したなか、海外の投資ファンドによる敵対的な買収が現実のものとなる事例が起き、一部株式の持ち合いが復活する動きがみられた。

ていたためその損失処理を先延ばしにした。取引先企業に抜本的な再建策を迫ることは少なく、むしろ表面的に不良債権額を少なくみせるために業績不振の不動産、建設、流通といった業種の企業に追加的に融資を行った。このような銀行の行動が、本来であれば経営破綻し市場から退出するはずであった企業を存続させる、いわゆる「ゾンビ企業」をつくりだした、との指摘である。また他方で、銀行は資金需要があった企業への融資に消極的であったため、企業の新規参入や成長を阻害する「貸渋り」といわれる停滞状況も引き起こし、その状況は、政府が不良債権処理に積極的に関与するとともに、企業の新規参入や成長を支援するように要請する2000年代初めまで続いた、とも指摘している。

　このような主張から、銀行の行動は、企業の新陳代謝や企業間競争のあり方をゆがめて、結果として国全体の成長を妨げたとの認識が強まり、銀行に批判の目が向けられた。

　これらの行動は、銀行が直面した不良債権が未曾有の規模となり、銀行自体が経営危機に陥ったことがその根源にあるが、それまで「メインバンク」という言葉で銀行が期待されていた「企業経営の適切なモニタリング」「ラストリゾート（最後の貸し手）」といった役割は、現実には十分に果たせていない状況になったことを図らずも露呈するかたちとなった。

　銀行によるガバナンス批判のもう一つに、銀行が「物言わぬ（サイレントな）株主」であるという主張があるが、この批判は最近特に高まっていると思われる。(1)でみた資金不足が解消した状況のもと、企業の銀行に対する発言力は強まり、企業側から銀行に株式保有を政策目的で要請した事例もある。実態としてみれば銀行にとって政策株式保有は取引を行うための前提、言い換えれば取引を維持・拡大するために株式保有を取引の必要条件としていた側面は否めない。銀行にかわって、新たに外部から企業の経営の規律づけを行うにあたっては、銀行のいわば議決権の行使を事実上放棄した株式保有は、むしろ阻害要因であると認識されている。これが、コーポレートガバナンス・コードのなかで、銀行に限らず企業による株式の持ち合いを解消してくことが勧奨されている理由である[6]。

以上、銀行によるガバナンスの変遷をみてきた。本節の最後に、このような変遷に、コーポレートガバナンスの意義、「パラダイム」が変化したことも関係していることを明記しておきたい。企業間競争がそれほど激しくなかった時代には、コーポレートガバナンスには、「関係者間の利害を公平に調整する」といった中立機能が期待されていた。それを実現するのに、公益性の高い銀行が中心的な役割を果たすことに、さまざまなステークホルダーからコンセンサスが得られやすかったと考えられる。しかしながら、1990年代末～2000年代に入る頃より、特に先進国においては、コーポレートガバナンスは、第1章でみたとおり企業間競争が激化するなかで、経営陣の意思決定の迅速化を促すような、より積極的な意味合いを帯びている。グローバルで巨大企業がしのぎを削る時代となり、過去からの取引関係を尊重する「ケイレツ企業」とともに、利害を公平に調整する機能の「銀行によるガバナンス」という枠組みは、日本の企業にとって事業を変革していくスピード感を失うことにもなりかねず、かえって足枷となっているのではないだろうか。

3　銀行のこれからの方向性 ——新たな役割の模索

以上みてきたとおり、企業において、資金不足が解消するとともに多様な資金調達手段が整い、銀行の資金供給者としての役割が低下した。また、保有株式を売却したことで、銀行以外の利害関係者の重要性が高まる一方で、銀行と企業の関係は相対的に大きく変化した。とはいえ、銀行は企業にとって引き続き重要なステークホルダーの一つであることには変わりはない。それでは今後、銀行にはどのような役割が期待されるのだろうか。ここでは二

6　ここで留意すべきは、最近では銀行が株式を保有すること自体を全面的に批判する論調があるがそれは当を得ていない。政策保有を通じて、問題になっていたのは、あくまで、株主総会等において株主による企業の経営陣に対する牽制ができなかった点である。したがって、銀行においてもある一定の判断基準に基づき、株主として企業の経営陣に対して牽制する仕組みが構築できれば、銀行の株式保有も一株主のガバナンスとして有意義であると考えられる。

図表2-6　これからの銀行の方向性
[これまでの銀行の役割]

[これからの方向性]
(1)　機関投資家と協働　　　　　　　(2)　経営陣のパートナー

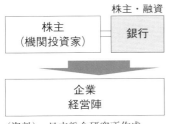 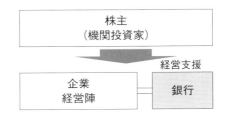

(資料)　日本総合研究所作成

つの方向性を示唆しておきたい[7]。一つ目は、中長期的保有を目指す機関投資家と銀行が同一歩調をとり、これまでとは異なる立場からガバナンスの一翼を担うことである。二つ目は、ガバナンスの当事者という立場を離れ、銀行は、機関投資家などのさまざまな株主に対応する経営陣を支援するパートナー的な役割に転じることである（図表2-6）。

---

[7] これら二つ以外に、上場していても市場での資金調達機会の少ない企業や、さらに経営危機から事業の再建中の企業に対しては、伝統的な銀行によるガバナンスを果たす役割が期待できる。創業者一族等が大半の株式を保有している企業は、市場での資金調達機会が少なく、株主からの牽制が届きにくい。そこで、銀行が融資の際にモニタリングを通じてガバナンスを効かせることが期待される。また、経営危機に陥り再建中の企業も同様である。現在金融の役割は、細分化・専門化しており、企業の再建は再生投資ファンドなどが中心となって行うことが多いが、取引先企業、従業員、顧客など数多くのステークホルダーの同意を得るためには、メインバンクである銀行のほうが機能することがあり、銀行は依然として重要な役割を果たしている。

(1) 機関投資家とともにガバナンスの一翼を担う

　銀行の使命は、顧客から預かった資金の安全な運用であることから、中長期的株式運用益の追求を使命とする機関投資家と目的が大筋で一致する。そこで機関投資家と同一歩調をとり中長期的な視野のもとに、経営を支援するのである。中長期保有の機関投資家は、同時に1,000社以上の企業に投資しているケースも多いことから、1社当りについて収集できる情報量には限界がある。さらに、機関投資家による経営の規律づけは、もっぱら配当などの株主還元に注目が行きがちとなり、企業が大型の買収や新規事業に乗り出すことが健全なリスクテイクかどうかといった判断を行う余裕に欠ける。そこで機関投資家からみれば銀行は貴重な存在である。銀行は、日常の濃密な接触を通じて、企業の財務面のみならず、経営や事業に関する豊富な情報を有している。そのような銀行の判断や行動は、機関投資家からみれば有益な判断材料になりうる。このようなプロセスを通じて、銀行が企業の経営判断に関与することは可能である。

　また、銀行融資は機動的な資金調達手段であることから引き続き重要性は残っており、融資を通じたモニタリングでガバナンスを効かせる余地はある。たとえば東証一部上場企業は、1990年以降、銀行融資への依存度を低下させているが、直接金融による資金調達を増やしているわけでもない（図表2－7）。金融における規制改革は、企業に資金調達の多様化というメリットをもたらしたが、その半面で過去の金融危機の経験から、将来にわたって資本市場から安定的な資金調達が可能なのか、という不安は拭えない。そのため、企業は銀行との長期的な関係を継続していくことを希望していると考えられる。

　もちろん、このような協働が実現するためには、銀行に企業の新規事業への挑戦や成長分野への投資等といった活動についてその本質を評価する、目利き力、すなわち、金融庁が「事業性評価」と呼ぶ審査力が必要になる。近年、銀行融資が減少傾向をたどるなかで、こうした能力は軽視されてきた傾向にあるので、今後銀行が事業性を評価するための審査力をどのように回復

図表2－7　企業の直接金融による資金調達の推移

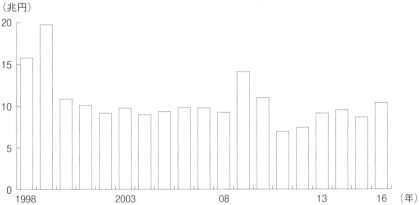

(注)　数値は、公募、第三者割当、新株予約権の権利行使、優先株式等、普通債、転換社債型新株予約権付社債、新株予約権付社債の合計値。
(資料)　日本取引所資料より日本総合研究所作成

していくか、融資業務の原点に回帰できるかが重要となろう。

(2)　経営陣を支援するパートナー的な役割

　機関投資家を中心とした株主の存在感が高まり、経営陣は彼らとの対話の機会が多くなる。また、安定株主とは逆に株式の短期保有を前提として、企業の短期的な業績向上に関心のある株主も存在し、経営陣はそういった移り気な株主といかに対峙していくかも重要である。このように企業経営の舵取りがむずかしくなった今日、経営者に対してさまざまな情報提供や、目の前の状況から離れて大所高所から助言できる主体が求められる。こうした役割は、コンサルティングファーム、あるいは、企業経営の経験を有する社外取締役に期待されている役割でもあるが、幅広いネットワークや情報や知見を有する銀行も務めることが可能である。企業の経営を牽制するというガバナンスの当事者という立場からは離れることになるが、企業経営に助言する中心的な役割を担う経営者のパートナーへと立ち位置を変えていくことは可能である。

ここでは銀行の二つの方向性について示唆したが、そのどちらも、銀行の伝統的な役割とは異なるものであることから、実現するには紆余曲折が伴うかもしれない。しかしながら、国際的に企業間競争が激化するなかで、企業が事業領域やビジネスモデルを大きく変革してきていることに、銀行も応えていく姿勢は必要である。銀行は、どのようにすればいまの経済環境・事業環境に適合できるのか、価値あるビジネスとは何かということを常に意識し、不断の努力で自らの業務を変革していくことが求められよう。

【参考文献】

青木昌彦、ヒュー・パトリック［1996］『日本のメインバンク・システム』東洋経済新報社、白鳥正喜（監訳）

伊丹敬之、藤本隆宏、岡崎哲二、伊藤秀史、沼上幹編［2005］『企業とガバナンス』有斐閣

加護野忠男、砂川伸幸、吉村典久［2010］『コーポレート・ガバナンスの経営学――会社統治の新しいパラダイム』有斐閣

武石彰、青島矢一、軽部大［2010］『イノベーションの理由――資源動員の創造的正当化』有斐閣

冨山和彦［2014］「コーポレートガバナンス・コードの策定に関する意見書（第3回有識者会議向け）」金融庁ホームページ

内閣府［1998］「企業行動に関するアンケート調査」内閣府ホームページ

日本取引所グループ「2015年度株式分布状況調査」

広田真一［2012］『株主主権を超えて』東洋経済新報社

星岳雄、アニル・K・カシャップ［2011］「何が日本の経済成長を止めたのか？」総合研究開発機構NIRA研究報告

宮島英昭［2014］「メインバンク制の行方」金融ジャーナル2014年2月号

Dante Mendes Aldrighi［2003］"The mechanisms of corporate governance in the United States: an assessment", *Revista Brasileira de Economia,* vol.57, no.3.

第 **3** 章

オーナー経営と
コーポレートガバナンス

本章では、オーナー経営の会社におけるコーポレートガバナンスについて考察する。ここでいうオーナー経営とは、主要株主自らが経営者となって経営をしている会社のことであり、非上場企業の大半はオーナー経営の会社である。また、上場企業であっても資本政策などの工夫により、実態としてはオーナー経営と変わりない会社も少なくない。

　このように日本企業の大部分を占めるオーナー経営の会社について考察することは、日本におけるコーポレートガバナンスの特徴を把握するうえで重要な意味をもつものと考える。オーナー経営のポイントは、所有と経営が一致していることであるので、まずは対比として、所有と経営が分離した通常の株式会社におけるエージェンシー問題について説明する。

1 株式会社が抱えるエージェンシー問題

(1) エージェンシー問題とは何か

　委託者（プリンシパル）が代理人（エージェント）に対して、何かしらの業務を委任する関係をエージェンシー関係と呼ぶ。エージェンシー関係はわれわれの日常生活にも存在しており、たとえばタクシーを利用して移動する場合は、乗客が委託者、タクシーの運転手が代理人となる関係が成立している。

　タクシーを利用するときに、「運転手はわざと遠回りして料金を吊り上げるのではないか」といった不安を感じたことはないだろうか。こうした不安を感じるのは、委託者と代理人の利害が必ずしも一致しないからである。乗

客は早く、安く目的地に到達することを望んでいる。一方、運転手は売上げをあげる、つまりできるだけ高い乗車賃をとることを望んでいる。こうした利害不一致の構造がエージェンシー問題である。遠回りという明らかな不正ではなくとも、ちょうど料金メーターが上がった絶妙なタイミングで支払ボタンを押された経験なら多くの方があるのではないだろうか。

　エージェンシー問題を解決する、あるいは放置することによって生じるコストのことをエージェンシーコストと呼ぶ。先のタクシーのケースであれば、行き先へのルートを示した地図を用意しておけば、運転手が遠回りするという不正を阻止することができる。

　また、運転手の立場に立つと、真面目に業務を遂行しているのに、乗客からこうした疑いをかけられるリスクがある。そのリスクを払拭するためには、たとえばナビゲーションシステムを導入してルートの正当性を証明するなどの対応が必要となる。このように地図を用意したり、ナビゲーションシステムを導入したりするためのコストがエージェンシーコストに該当する。

　ではなぜこうしたエージェンシー問題が顕在化するのであろうか。その原因は二つあり、一つは「情報格差」である（図表3-1）。乗客の不安は、特に旅行や出張などで土地勘のない場所でタクシーを利用するときに強くなる。これは運転手が把握している地域の交通情報に比べ、乗客が保有する情報は大きく劣っているためである。逆に自宅や職場の近辺などよく知っている土地でタクシーを利用する場合には不安を感じることは少ないだろう。それは運転手が把握している情報と比べて格差が小さいからである。

　もう一つの原因は委託者と代理人との「信頼関係」にある。すでに何度もその運転手のタクシーを利用したことがあるのであれば、土地勘のない場所であっても乗客は不安を感じないであろう。それは代理人である運転手を信頼しているからである。信頼関係が高ければ利害不一致の構造があってもエージェンシー問題は顕在化しないですむ。余談になるが、タクシーの運転手には乗客に話しかけてくる人が多い。あれは顧客サービスの一面もあるが、会話をすることで乗客との信頼関係を高め、エージェンシー問題が顕在化するリスクを低下させている効果もあると考えられる。

第3章　オーナー経営とコーポレートガバナンス　53

図表3-1 エージェンシー問題

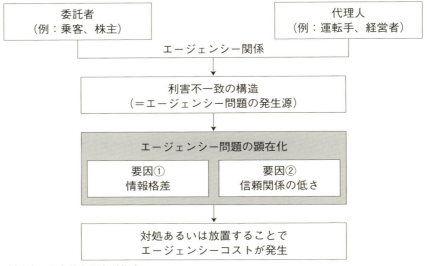

(資料) 日本総合研究所作成

(2) 株式会社におけるエージェンシー問題

　話を株式会社に戻そう。株式会社では株主が委託者、経営者が代理人となるエージェンシー関係が成立している。いわゆる「所有と経営の分離」である。この所有と経営の分離により、株式会社は広く多数の人から資金を募ることが可能となり、さまざまな事業へと挑戦することができた。今日の経済発展は株式会社の発明抜きにはありえなかったといっても過言ではなく、所有と経営の分離は株式会社の最も本質的な部分である。

　株主は、株価が値上りして譲渡益を得ることや、配当を得ることを望んでいる。一方、経営者は、高額な報酬を得ることや、自己の名声が高まることを基本的には望んでいる。したがって、両者の利害は完全には一致しておらず、エージェンシー問題が生じる土壌がある。

　また、株主と経営者の間には、情報格差と信頼関係の問題が二つとも存在していることが多い。株主は経営者と比べて、業界知識や社内情報に詳しく

図表3－2　株主からみた経営者への疑念（例）

①	会社の資金を経営者は私的に流用しているのではないか？
②	経営者は実際の利益よりも多額にあるいは少額にみえるように、不正な会計操作をしているのではないか？
③	経営者は役員賞与や内部留保を手厚くし、株主への配当金を抑えすぎているのではないか？
④	現経営者は優秀ではなく、そのために業績が低迷しているのではないか？

（資料）　日本総合研究所作成

ないだろうし、経営者のことをほとんど知らないことが多い。個人投資家が上場株式を購入する場合、上場企業だからという漠然とした信頼感はあっても、この経営者なら大丈夫と全幅の信頼を置けることは皆無であろう。

　したがって、両者の間にはエージェンシー問題が顕在化しており、株主の視点からは次のような疑念を抱くことになる（図表3－2）。

　図表3－2の①は、横領のような明らかな不正はもちろんのこと、接待交際費の濫用、ファーストクラスや高級ホテルを利用した奢侈な出張、社用車の公私混同などの私的な流用が該当する。こうした横領や私的な流用は、経営者自身だけではなく、会社の従業員も行う可能性がある。したがって、経営者は従業員がこうした不正に手を染めないよう、適切な内部管理を行うことが求められている。

　図表3－2の②は、いわゆる粉飾決算が該当し、特に損失隠しや利益の水増しなど実際の利益よりも多額にみせるような不正が多い。これは業績不振が明らかになると自己の評判に傷がつくほか、経営者の交代やストックオプション等の株式報酬が得られないといった金銭面でのマイナスが大きいためである。

　図表3－2の③や④は、必ずしも不正というわけではない。逆にいうと、真面目に経営者としての業務を務めていても、こうした疑念を株主からもたれるリスクは常に存在しているということである。

第3章　オーナー経営とコーポレートガバナンス　55

⑶ 株式会社におけるエージェンシーコスト

こうしたエージェンシー問題に対処するために、株式会社ではさまざまなエージェンシーコストが発生している。たとえば、株式会社の機関設計に着目すると、「株主総会」は最高意思決定機関として設置する必要がある。株主総会では、役員の選任・解任をはじめ、株式会社の組織・運営・管理などに関する重要事項を決定する。また、上場企業であれば「取締役会」を設置することも必須となる。取締役会を設置するためには3名以上の取締役が必要となり、代表取締役の選任・解任をはじめ、重要な業務執行の意思決定を行うとともに、取締役の職務執行を監督する。

こうした機関設計は、株主側が経営陣を監視できるようにするための制度や仕組みの一部であり、こうした制度・仕組みの構築・運用に要するコストをモニタリングコスト（図表3－3左）と呼ぶ。機関設計に関していえば、ほかに監査役・監査役会等が該当する。また、経営者が（株主にかわって）従業員を監視するための制度・仕組みもモニタリングコストに該当し、2008年に導入された内部統制（J-SOX）などがその一例である。

一方、経営陣が自身の潔白を証明するためのコストをボンディングコストと呼ぶ。会社の業績を詳細に示した決算情報等を開示することや、その内容が正しいことを証明する監査法人等による監査が該当する（図表3－3右）。

図表3－3　モニタリングコストとボンディングコスト

モニタリングコスト（例）	ボンディングコスト（例）
✓株主総会の招集・開催 ✓取締役会の招集・開催 ✓独立社外取締役、監査役等の選任 ✓内部統制（J-SOX）の整備・運用 ✓内部監査制度の整備・運用	✓決算短信、有価証券報告書などによる決算情報等の開示 ✓監査法人等による監査 ✓決算説明会、中期経営計画の公表といったIR（Investor Relations）

（資料）　日本総合研究所作成

2　オーナー経営におけるガバナンス

(1)　所有と経営が一致していることのメリット

　株式会社の最も本質的な部分である「所有と経営の分離」が、オーナー経営の場合は一致している。つまり、株主＝経営者であるため、これまで説明してきた株主が委託者、経営者が代理人といったエージェンシー関係が存在せず、エージェンシー問題も発生しえない。

　したがって、株主によるガバナンス（＝狭義のコーポレートガバナンス）はオーナー経営の株式会社では基本的に不要となる。これはオーナー経営の大きな強みでもある。具体的にいえば、まずエージェンシーコストが大きく減少する。株主が経営者をモニタリングする必要もなく、また、経営者が株主に対して自身の身の潔白を証明する必要がないからである。この分だけでもオーナー経営にはコスト優位性があることは明らかである。

　また、定量的に評価することはむずかしいが、オーナー経営はいわゆる「小回りの利いた経営」が可能となる。これは株主＝経営者であるため、経営者が株主の目を気にすることなくリスクテイクしやすく、意思決定の迅速性や柔軟性が高まるからである。画期的な事業が資金力に勝る大企業からではなく、ベンチャー企業のような小規模なオーナー経営の会社から生まれることが多いのは、その証左といえる。このように所有と経営が一致していることのメリットは小さくなく、オーナー経営のコーポレートガバナンスの特徴の一つである。

(2)　株主以外のステークホルダーの存在

　狭義のコーポレートガバナンスはオーナー経営の会社では基本的に不要であるが、今日のコーポレートガバナンスはより広い意味でとらえられることが多い。たとえば2015年から開始されたコーポレートガバナンス・コードでは、コーポレートガバナンスとは「会社が、株主をはじめ顧客・従業員・地

域社会等の立場を踏まえた上で、透明・公正かつ迅速・果断な意思決定を行うための仕組みを意味する」と定義している。

つまり、株主だけではなく、顧客、従業員、地域社会等といった、より多くの広いステークホルダーとの関係からコーポレートガバナンスを構築・運用することが必要とされている。この点については、オーナー経営であっても例外にはならない。以下、各ステークホルダーとの関係から、日本のオーナー経営におけるコーポレートガバナンスの特徴を明らかにする。

⑶　顧客とガバナンス

日本企業の多くは、経営理念や社是といった会社の憲法のようなものに、顧客との関係を謳っていることが多い。「お客様は神様」といった考え方、精神が日本企業には深く根づいているといえる。

このことは外国人が日本に旅行などで訪れたときに「おもてなし」の精神・サービスに感銘を受けたり、逆に日本人が海外に渡航した際、現地のホテルやレストラン、小売店などの対応やサービスに不満を感じたりすることが多いことからも推察される。おそらくは日本人の気質、勤勉さといったものが、長らくドメスティックに企業運営されてきた結果、日本企業の組織風土にまで昇華されたものと考えられる。

こうした「お客様は神様」的な組織風土に支えられ、日本企業が互いに切磋琢磨してきた結果、日本市場は世界的にみても非常に厳しい市場、特に機能や品質については時に過剰ともいえる対応がなされている。それはよくいえばカスタマーファーストであり、悪くいえば御用聞き的でガラパゴス商品を生み出すことにつながるが、いずれにしても顧客を重視した経営がなされなければ、市場からの撤退を余儀なくされる、それだけ成熟した市場環境に日本企業は身を置いているのである（図表3－4）。

これは日本企業のコーポレートガバナンスに大きな影響を与えている。経営者は常に顧客を意識し、襟を正して経営に臨んでいる。オーナー経営であれば、株主の目がない分、より強く顧客からの影響を受けてきたと考えられる。企業が顧客を育て、顧客が企業を育てる。そうした好循環が形成されて

図表3−4　日本企業の組織風土

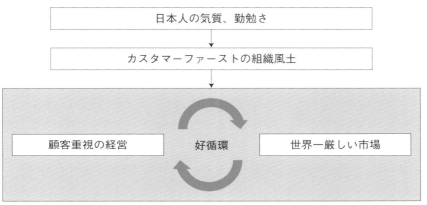

（資料）　日本総合研究所作成

いることが、日本におけるコーポレートガバナンスの特徴の一つである。

(4) 従業員とガバナンス

　顧客同様に、従業員との関係についても経営理念や社是に謳われていることが多い。家族的経営という言葉の意味が通じるように、オーナー経営の社長には従業員を家族のように大切にしたいと考えている人は少なくない。また、従業員側も意気に感じ、社長のために頑張るという想いがオーナー経営の会社からは感じられることが多い。このような個人と個人との感情的な結びつきが強い点は、日本企業とりわけオーナー経営の会社の特徴である。

　また、最近でこそ崩れつつあるが、「終身雇用」「年功序列」の色合いはまだまだ強く残っており、新卒から定年まで一つの会社に勤めあげるという働き方は日本ではごく普通である。こうした働き方は会社へのロイヤリティを高め、従業員を長期・安定的に確保できることは日本企業の強みの源泉となってきた。

　こうしたことは日本企業のコーポレートガバナンスにおいて、経営者と従業員の二つの階層で大きな影響を与えている。まず経営者の階層では、従業員を大切に思い、雇用の確保や労働環境の改善に努めたいと感じることで、

経営者個人の私利私欲よりも、会社の業績をよくしたいとか、会社をもっと成長させたいという想いが強くなる。これは株主の視点と近似しており、経営者は従業員を意識することで、単なる代理人としての経営者よりも高次元の考え方を自然ととるようになる。よくいわれるオーナー社長とサラリーマン社長との差がここにあるように考えられる。

次に従業員の階層においては、会社へのロイヤリティが高まることや、社長のために頑張るという想いが強くなることで、不正の抑止力となることが期待できる。すでに説明したとおり、経営者は自らの不正だけではなく、従業員の不正も防止することが求められる。一般的には内部統制や内部監査などの制度・仕組みによるが、これは性悪説に従ってある意味では後ろ向きな対策でしかない。それに対して、会社や社長に対するロイヤリティを高めることはきわめて前向きな対策であり、単なる不正防止にとどまらず、働くモチベーションの向上により、会社の業績をよくする効果も期待できる。

3 日本のオーナー経営における コーポレートガバナンスの特徴と課題

本章のまとめとして、日本のオーナー経営におけるコーポレートガバナンスの特徴を整理し、今後の課題について考察する。

(1) 顧客・従業員との関係からのコーポレートガバナンス

所有と経営が一致しているため、株主からのガバナンスが不要であることがオーナー経営の端的な特徴である。しかしこれはまさにオーナー経営の特徴であり、欧米のオーナー経営の会社でも同じことがいえる。

そこを超えて、日本企業のオーナー経営の特徴は、顧客・従業員との関係を重視した経営を行ってきたことで、コーポレートガバナンスにおいても顧客・従業員の存在感が強くあるということである。

コーポレートガバナンスの世界的な潮流を大雑把にいえば、株主からのガバナンスが起点としてあり、近年は顧客や従業員などのより広いステークホ

ルダーとの関係からコーポレートガバナンスを再考しようとするものである。対して日本では、顧客や従業員によるコーポレートガバナンスが先にあり、日本企業は欧米企業に比べてROEやROAといった投資収益率が低いことを背景に、もっと株主視点でのガバナンスを強化すべきという風潮が強い。これはコーポレートガバナンス・コードの構成をみても明らかであり、全部で68ある原則・補充原則のうち、株主以外のステークホルダーに関する原則・補充原則は8しかない。つまり、最終的に目指す姿はともかく、出発点が欧米企業と日本企業とでは違うのである。このことが、欧米からの輸入であるコーポレートガバナンスがいま一つ日本企業では腹落ちしない、非上場企業ではほとんど話題にもならない理由と考える。

(2) 今後の課題

　出発点の違いは、ある意味では日本企業は世界に先立って幅広いステークホルダーに対する経営、コーポレートガバナンスを実践してきた証といえる。よくいわれる日本的経営の強み、というのはまさにそのことである。コーポレートガバナンスというと、どうしても日本企業は遅れていると思われがちだが、顧客や従業員との関係からはむしろ先行しており、その部分ではもっと自信をもつべきではないかと考える。

　一方で、やはり課題となるのは株主視点でのガバナンスであろう。長らく顧客や従業員を重視した経営を続けてきた結果、日本企業の「儲ける力」は落ちている。これは上場企業、オーナー経営を問わずの課題である。儲ける力が落ちてきた結果、従業員のリストラや製品・サービスの低下、最終的には事業売却や撤退といった事態にまで発展してしまっている。これでは本来大切にしてきた顧客や従業員を裏切ることになる。そうならないためには、やはり株主視点のガバナンスを強化し、儲ける力を取り戻すことが課題と考えられる。

第 4 章

日本における
改革への取組み

わが国において近年実施されたコーポレートガバナンス改革というと、2008年の内部統制（J-SOX）と2015年のコーポレートガバナンス・コードの二つが思い浮かぶ。しかしながら、これら二つの制度は、導入された背景や目的がまったく異なるものである。そこで本章では内部統制（J-SOX）導入までを発展期、コーポレートガバナンス・コード導入を転換期と銘打ち、取り組まれてきた経緯と概要について説明する。また、当社（日本総合研究所）で実施したコーポレートガバナンス・コードに関するアンケート調査をもとに、コーポレートガバナンス改革の成果と課題について考察する。

1 ガバナンス発展期

(1) 1990年代の取組経緯と概要

　高度経済成長期の日本企業は第2章および第3章で説明したとおり、株主よりもメインバンクや顧客、従業員といったステークホルダーを重視した日本的経営によるコーポレートガバナンスを志向してきた。業績もついて回り、日本的経営は世界の耳目を集めていた。

　しかし、1990年代に入ると経済・金融のグローバル化が進み、バブル経済崩壊が決定打となり、メインバンク制は大きく後退し、企業は直接金融への移行を余儀なくされた。また、同時期に総会屋への利益供与や粉飾決算等の企業不祥事が相次いで起き、こうした事態に対処するため証券取引法や商法の改正が進められた。1992年には証券取引等監視委員会が発足し、1993年の商法改正では、株主の監督機能強化として株主代表訴訟制度が改定されたほか、監査機能の強化として監査役会や社外監査役の導入がなされた。

また、1998年には「コーポレートガバナンス原則―新しい日本型企業統治を考える」の最終報告がなされ、その報告では社外取締役の導入、取締役会と執行役員会の分離、情報開示の拡充など、今日のコーポレートガバナンスの礎となるような内容が提言された。

(2)　2000年代の取組経緯と概要

　2000年アメリカで巨額の粉飾決算が発覚する。世にいう「エンロン事件」である。総合エネルギー企業エンロン社の経営陣は多額のストックオプションや現物株式を保有していたため、株価を吊り上げようと粉飾決算に手を染めた。また、会計監査人である監査法人のアーサー・アンダーセンも、監査報酬以外に多額のコンサルティング報酬を得ていたため、本来の監査業務がゆがめられ、いわゆる適正意見を出しながら、実態としては不正会計に加担する事態にあった。こうした粉飾決算問題はエンロン社以外にも相次ぎ、2002年にサーベンス・オクスリー法（SOX法）がアメリカで制定されるに至った。

　同時期に日本でも粉飾決算等の企業不祥事が相次いで起きた。代表的な事件としては、カネボウの粉飾決算、西武鉄道の有価証券報告書の虚偽記載があげられる。これら日米で起きた企業不祥事は、会社を信じて株式を購入していた投資家に大きな損害を与えることになり、株式市場の信頼性は大きく低下した。信頼回復のためには投資家保護が不可欠であり、矢継ぎ早に制度改正等が進められた。まずエンロン事件の翌年2001年の商法改正では、監査役の取締役会への出席義務づけ、社外監査役の半数以上への増員がなされた。さらに2002年の商法改正で委員会等設置会社（現在の指名委員会等設置会社）が導入された。これらはいずれも経営者への監視を強化するための改正である。

　また、アメリカのSOX法制定を受け、2003年からは内部統制に関する対応が始まり、有価証券報告書の「提出会社の状況」のなかで「コーポレートガバナンスの状況」が設けられたことに加え、内部統制事項の開示が義務づけられた。2004年にはエンロン事件で監査法人が粉飾に加担していたことか

第4章　日本における改革への取組み　65

ら、監査法人を監査・監督する「公認会計士・監査審査会」が金融庁に発足した。そして2005年には商法にかわる会社法が制定され、内部統制の一環である「業務の適正を確保するための体制」構築の方針を決定することが義務づけられた。

そして、2006年に従来の証券取引法が金融商品取引法に改名され、財務報告の信頼性確保のために企業に対して内部統制報告書の作成と監査を受けることが義務づけられた。アメリカSOX法の日本版という意味から、「J-SOX」と呼ばれている（図表4－1）。

以上、2008年に施行されたJ-SOXまでは、粉飾決算等の企業不祥事が起きる度にコーポレートガバナンスへの注目が集まり、基本的には経営者をいかに監視するかに力点が置かれた改正がなされてきた。いわば「守りのガバナンス」が発展してきたのが1990年代～2000年代の動きである。

しかしながら、こうした守りのガバナンス強化は企業の内部管理コストを

図表4－1　J-SOXの目的と基本的要素

［4つの目的］ ・業務の有効性および効率性 ・財務報告の信頼性 ・事業活動にかかわる法令等の遵守 ・資産の保全
［6つの基本的要素］ ・統制環境（組織の気風を決定し、組織内のすべての者の統制に対する意識に影響を与える基礎） ・リスクの評価と対応（リスクを識別、分析および評価することによってリスクへの対応を行う一連のプロセス） ・統制活動（経営者の命令および指示が適切に実行されることを確保するための方針および手続） ・情報と伝達（必要な情報が組織や関係者相互間に適切に伝えられることを確保すること） ・モニタリング（内部統制の有効性を継続的に監視および評価するプロセス） ・ITへの対応（他の基本的要素が有効かつ効率的に機能するためにITを活用すること）

（資料）　日本総合研究所作成

大きく上昇させることにつながり、特にJ-SOXへの対応では、テーマが全社的な内部統制から業務、ITと広範であり、かつ業務プロセス等の文書化作業に非常に負荷がかかったことから、費用対効果を疑問視する声は少なくなかった。

2 コーポレートガバナンスの転換期

(1) リーマン・ショック

　J-SOXが適用開始となった2008年の9月にアメリカの大手投資銀行であるリーマン・ブラザーズ・ホールディングスが経営破綻し、これに端を発して世界的な金融危機が起きた。このリーマン・ショックは日本のコーポレートガバナンスにおいて二つの大きな影響を与えた。一つはすでにSOX法で先行していたアメリカでまたしても大事件が起きたことで、いかにコーポレートガバナンス、特に守りのガバナンスを強化しても限界があることが露呈してしまった。

　もう一つは日本企業がリーマン・ショックによるマイナスの影響を大きく、長期間にわたって受けたことで、日本企業の稼ぐ力の脆弱性が浮彫りになったことである。リーマン・ブラザーズ・ホールディングスが経営破綻した当初、日本企業はサブプライムローン関連金融商品にあまり手を出していなかったため、直接的な影響は軽微とみられていた。しかしながら、世界的な金融危機へと発展したことで、景気・消費は世界規模で落ち込み、ドル安円高の急速な進行によって輸出産業を中心にダメージが広がり、日本経済は大きく景気後退するに至った。一例をあげれば、リーマン・ショックが起きる前年である2007年の日経平均株価1万5,000円台を恒常的に回復したのは2014年になってからであり、非常に長い年月を要している。

第4章　日本における改革への取組み　67

(2)　ガバナンス・コードの導入（図表4‐2）

　2015年6月から東京証券取引所に上場する企業を対象としたコーポレートガバナンス・コードがスタートした。導入経緯は第二次安倍内閣発足の翌年2013年6月に閣議決定された日本再興戦略にさかのぼる。日本再興戦略は国の成長戦略を示したものであり、2014年の改訂では日本が「稼ぐ力」を取り戻すためには、企業価値向上に向けて前向きな事業展開を引き出すコーポレートガバナンスの強化が必要であることが明記された。ここで志向するコーポレートガバナンスは守りのガバナンスではなく、前向きな事業展開を引き出すための「攻めのガバナンス」であり、J-SOX導入までの流れとは大きく転換している。

　また、コーポレートガバナンス・コードと直接的な関係はないが、2014年には二つの重要な動きがあった。一つは会社法改正で監査等委員会設置会社制度が創設されたことである。2002年の商法改正で現在の指名委員会等設置

図表4‐2　コーポレートガバナンス・コードの導入経緯

2013年6月　閣議決定 「日本再興戦略」	
2014年2月　金融庁 「日本版スチュワードシップ・コード」 を策定・公表	2014年1月　日本取引所グループ 「JPX日経インデックス400」を設定
2014年6月　閣議決定 「日本再興戦略　改訂2014」	2014年6月　国会可決・成立 会社法改正（2015年5月施行）
2014年8月　経済産業省 「伊藤レポート」を公表、ROE重視の経営を提言、8％を上回るROEを最低ラインとして言及	
2015年6月　東京証券取引所 「コーポレートガバナンス・コード」の運用開始	

（資料）　日本総合研究所作成

会社が創設されたが、きわめて重厚かつ自由度の低い制度であったため導入企業は70社程度と低水準にとどまっていた。そこで監査役会設置会社と指名委員会等設置会社との中間的な機関設計として監査等委員会設置会社ができたのである。

もう一つは「伊藤レポート」である。伊藤邦雄・一橋大学大学院教授が座長を務めた経産省プロジェクトの報告書である同レポートでは、日本企業のROEが国際的に低いことを背景に、ROEを重視した経営を行うよう提言している（図表4－3）。また、具体的な数値水準としてROE8％を最低ライ

図表4－3　ROE重視の潮流（例）

JPX日経インデックス400 （2014/1）	✓資本の効率的活用（ROEを指標）、投資者を意識した経営観点（コーポレートガバナンス）等、グローバルな投資基準を満たした「投資家にとって投資魅力の高い会社」で構成される新しい株価指数のこと。 ✓GPIF（年金積立金管理運用独立行政法人）が、2014/4からパッシブ運用のベンチマークにJPX400を採用した。
伊藤レポート概要 （2014/8　経済産業省）	✓欧米企業と比較し、日本企業のROEは長期低迷しており、その原因は事業収益力の低さにある。 ✓多くの日本企業は、資本市場や投資家との対話と自社内の経営指標が違うという「ダブルスタンダード経営」を行ってきており、資本コストやROEに対する意識が国際的にみて低いことが重大な問題である。 ✓中長期的なROE向上を経営の中核目標とし、それにコミットした経営を行うべきである。 ✓ROEの水準を評価するうえで最も重要な概念が資本コストであり、本プロジェクトでは、グローバルな機関投資家が日本企業に期待する資本コストの平均が7％超との調査結果が示された。個々の企業の資本コストの水準は異なるが、グローバルな投資家と対話をする際の最低ラインとして8％を上回るROEを達成することに各企業はコミットすべきである。
ISSによる議決権行使基準の変更 （2015/2）	✓議決権行使基準助言会社大手のISSが、5年平均ROE5％未満かつ直近改善傾向のない企業の経営トップの取締役選任議案に反対票を投じる基準を設けた。

（資料）　日本総合研究所作成

第4章　日本における改革への取組み　69

ンとして言及している。こうしたROE重視の流れは広がっており、コーポレートガバナンス・コードが導入された背景にはROE重視の潮流があることを十分に理解しておく必要がある。

3 ガバナンス・コードの概要

(1) コードの構成

　コーポレートガバナンス・コードには、大きく五つの基本原則があり、その下に30の原則、38の補充原則が続いている（図表4－4）。東証一部・二部

図表4－4　コーポレートガバナンス・コードの構成

［5つの基本原則］	［30の原則／38の補充原則］	［開示対象コード（必須）］
株主の権利・平等性の確保	7／9	原則1－4　政策保有株式 原則1－7　関連当事者の取引
株主以外のステークホルダーとの適切な協議	5／3	
適切な情報開示と透明性の確保	2／4	原則3－1　情報開示の充実
取締役会等の責務	14／19	補充原則4－1①　取締役会の役割・責務 原則4－8　独立社外取締役の活用 原則4－9　独立性判断基準 補充原則4－11①　取締役の選任 補充原則4－11②　取締役の兼任状況 補充原則4－11③　取締役会の実効性 補充原則4－14②　取締役のトレーニング
株主との対話	2／3	原則5－1　株主との建設的な対話

（資料）　日本総合研究所作成

70

上場企業であれば、これらすべてのコード（基本原則・原則・補充原則）について「コンプライ・オア・エクスプレイン」、つまり実施（コンプライ）するか、実施しない場合はその理由を説明（エクスプレイン）するかが求められる。

コード構成上の特徴として二つのことがあげられる。一つは基本原則の二番目が「株主以外のステークホルダーとの適切な協議」と株主以外のステークホルダーにまで視野が広がっていることである。第3章でも説明したが、近年のコーポレートガバナンスは株主との関係だけではなく、広くステークホルダーとの関係を意識したものへと変容している。コーポレートガバナンス・コードもそうした潮流を組み込んでいる。

もう一つの特徴は、五つの基本原則のうち、「取締役会等の責務」に関する原則・補充原則が合計33と圧倒的に多いことである。これは攻めのガバナンス、つまり健全な企業家精神の発揮を促し、会社の持続的な成長と中長期的な企業価値の向上を図ることを、コーポレートガバナンス・コードは主眼としているためである。

(2)　上場企業に求められる対応

前述のとおり、各コードについてコンプライ・オア・エクスプレインが求められるが、エクスプレイン（実施せずにその理由を説明）でもよいということは法的拘束力を有する規範ではない、ということである。ただし、東京証券取引所は、コーポレートガバナンス・コードの運用開始に伴い、上場規則の改正を行っているため、法的拘束力はなくとも上場義務違反として上場契約違約金の支払を求められる可能性がある（図表4-5）。

また、コードを実施しない場合の説明は「コーポレート・ガバナンス報告書」において行われる。コードのなかには実施していても同報告書内での開示が必須のものもある。同報告書は定時株主総会後遅滞なく提出する必要がある。

図表4−5　コーポレートガバナンス・コードへの対応

基本的な考え方	①　プリンシパルベース・アプローチ（原則主義）⇔（細則主義）とは異なる 形式的な文言・記載ではなく、その趣旨・精神に照らして真に適切か否かを判断する。 ②　コンプライ・オア・エクスプレイン⇔法令とは異なる 原則を実施するか、実施しない場合は、その理由を説明するか。 つまり、法的拘束力を有する規範ではない。
対象企業	【東証一部・二部上場企業】 すべてのコード（基本原則・原則・補充原則）に対し、「実施か説明か」を義務化 【マザーズ・JASDAQ上場企業】 基本原則に対し、「実施か説明か」を義務化　※ただし、コードの趣旨・精神の尊重は求められる。 ⬇ 東証一部、二部の上場会社が、コードの規定内容を実施せず、しかも実施しない理由の説明も怠った場合には、改善報告書の提出や上場契約違約金の支払が求められる可能性がある（有価証券上場規程502条1項2号、509条1項2号）。また、東証による公表措置の対象ともなりうる（有価証券上場規程506条1項2号）。
コーポレート・ガバナンス報告書	コードを実施しない場合の説明はコーポレート・ガバナンスに関する報告書において行う。 適用初年度：遅くとも定時株主総会の日から「6カ月後」までに提出 適用2年目以降：定時株主総会後「遅滞なく」提出

（資料）　日本総合研究所作成

4　コードの成果と課題

　当社は2016年に、コーポレートガバナンス・コードの初年度対応を通じてどのような課題を感じているかについてアンケート調査を行った（図表4−

図表4－6　コーポレートガバナンス・コードの初年度対応調査の概要

[アンケート概要]

アンケート	コーポレートガバナンス・コード対応の課題と方針の実態調査
調査対象	2015年11月時点の東証一部・二部上場企業2,416社
回収状況	312社から回答（回収率12.9％）
調査方法	郵送調査
調査期間	2016年1～2月
調査目的	コーポレートガバナンス・コード初年度対応を通じてどのような課題を感じられているかを明らかにし、今後のあるべき対応方針について示唆を得る。
主な質問内容	・コーポレートガバナンス・コード全般について ・経営戦略や経営計画の策定・公表について ・機関設計・取締役会・役員報酬等について ・人材活用・人材教育について

[アンケート回答企業属性]

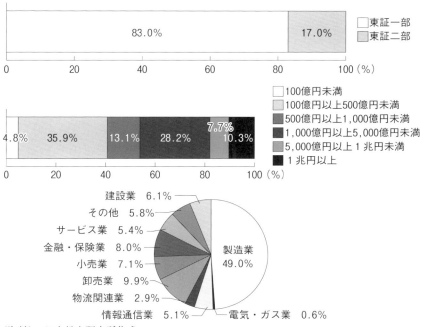

（資料）　日本総合研究所作成

6）。本節では、そのアンケート結果の分析をふまえ、コーポレートガバナンス・コードの成果と課題について考察する。

(1) 初年度開示状況から推察する成果と課題（図表4－7）

　すべてコンプライとした企業は全体では11％、ガバナンスが進んでいると考えられる超大手企業（売上高5,000億円以上）でも29％にとどまった。企業が自主的に判断するプリンシパルベース・アプローチであるため、コンプライという回答があふれて形骸化するのではという懸念があったが、初年度の開示状況をみる限り真摯な開示姿勢がうかがえ、コーポレートガバナンス・コードがある程度受け入れられたものと考えられる。これは成果の一つといってよいだろう。

　一方、超大手企業と中堅企業（売上高500億円未満）とを比較すると、すべてコンプライとする企業の割合は超大手企業のほうが高く、中堅企業では

図表4－7　コーポレートガバナンス・コードの初年度開示状況

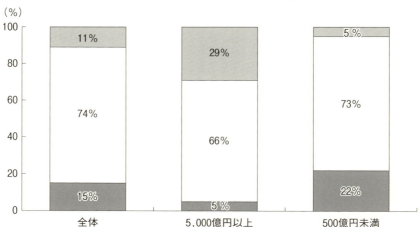

■ 1　すべてComply（実施）と開示した
□ 2　Explain（説明）の項目が一部あり、今後実施する予定あるいは検討中と開示した
■ 3　Explain（説明）の項目が一部あり、実施する予定はない（代替手段により目的達成が可能）と開示した
（資料）　日本総合研究所作成

5％という低水準であった。さらに、エクスプレインした項目で代替手段により目的達成が可能とする割合は、中堅企業では22％と超大手企業の５％よりも高く、会社の規模が小さくなるほど、コーポレートガバナンス・コードに記載されたとおりに実施することはむずかしい面が浮彫りになった。一言に上場企業といっても企業規模のバラつきは大きく、そうした実態にかんがみることなく、一律的に同じコードを求めることには無理があり、今後の課題といえる。

(2)　全体的な感想から推察する成果と課題（図表４－８）

コーポレートガバナンス・コードの初年度対応を経た全体的な感想としては、企業規模を問わず「自社のコーポレートガバナンスのあり方を再検討するよい契機となった」とする企業が70％程度と多かった。また、「Comply（実施）としている項目についても、今後よりいっそうの改善・強化が必要と感じた」とする企業も過半を超えており、特に超大手企業では80％近くが選択しており、企業規模が大きくなるほど、コーポレートガバナンスに対する意識が高いことがわかる。いずれにしてもコーポレートガバナンスを強く意識するようになったことは間違いなく、コーポレートガバナンス・コードの成果と評価できる。

一方で、コーポレートガバナンス・コードの本来の目的である中長期的な企業価値との関係では、「中長期的な企業価値向上のために何が必要であるかを再検討するよい契機となった」を選択した企業は40％未満とやや低く、コーポレートガバナンスを強化することが企業価値向上につながるというロジックについては、あまり受け入れられていないように感じられる。

また、「実際に取組みの追加や見直しを行うことで、ガバナンス強化につながる成果があった」とする企業は、超大手企業こそ50％を超えているが、中堅企業では17％と低く、企業規模が小さくなるほど成果を実感しにくいという傾向がみられた。

以上、コーポレートガバナンスと企業価値との関係性について理解が進んでいないこと、ガバナンス強化の成果はこれからであることの２点が今後の

第４章　日本における改革への取組み　75

図表4－8　初年度を終えての全体的な感想（複数選択可）

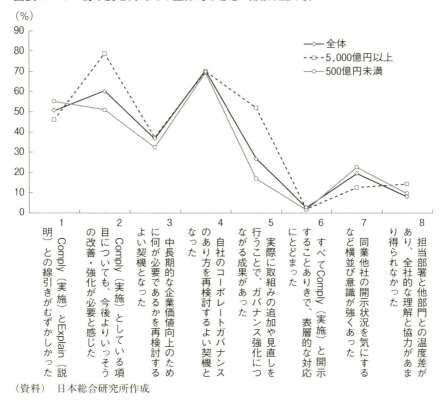

（資料）　日本総合研究所作成

課題といえる。

(3) 企業価値向上に向けた今後の取組課題から推察する成果と課題（図表4－9）

　自社の持続的な成長と中長期的な企業価値向上のために今後取り組むべき課題としては、「取締役会における審議の活性化、取締役会の実効性に関する分析・評価」が70％程度と高かった。この項目はExplain（説明）をした企業数が最も多く、取締役会の活性化・実効性に注目が集まり、多くの企業で今後の課題と感じるに至ったことは大きな成果といえる。

一方、その取締役会の活性化・実効性において、コーポレートガバナンス・コード上ではキーポイントと位置づけられている独立社外取締役については、「独立社外取締役の2名以上の選任、有効な活用」を選択した企業は30％程度にとどまっている。特にすでに独立社外取締役を複数選任しているであろう超大手企業が16％と低いことは、十分に独立社外取締役を有効活用できているからというよりも、独立社外取締役に期待しても仕方がないというように読み取れる。それは、「経営陣幹部・取締役・監査役候補の指名の方針と手続」や「指名・報酬等の検討を行う任意の諮問委員会等の設置」といった、どちらかというと経営陣から自由度を奪う項目が低水準になってい

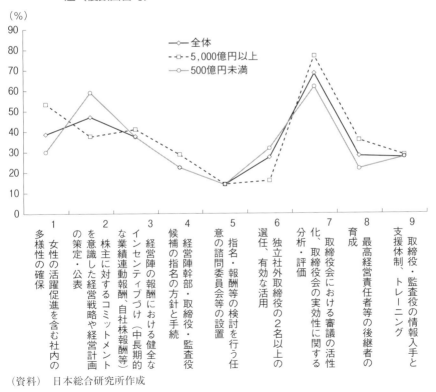

図表4－9　持続的な成長と中長期的な企業価値向上のために今後取り組むべき課題（複数回答可）

（資料）　日本総合研究所作成

ることからも推察できる。

　また、課題というわけではないが、「女性の活躍促進を含む社内の多様性の確保」は超大手企業が高く、中堅企業は低くなっているのに対し、「株主に対するコミットメントを意識した経営戦略や経営計画の策定・公表」では超大手企業は低く、中堅企業が高くなっており、逆転現象が起きている。多様性確保は時代の流れでもあるが、規模が小さい企業で人材の多様性を確保することがむずかしいことのあらわれであり、また超大手企業ではすでに経営戦略・経営計画はある程度策定・公表ずみであり、今後の上乗せとしては業績への効果が定かではない、多様性確保に期待するしかない実態が透けてみえる。

(4)　機関設計の意向から推察する成果と課題

　現行の機関設計としては、アンケート回答企業の87.5％が監査役会設置会社であった。その企業を対象に今後の機関設計について尋ねたところ、なんらかの変更等を検討している企業と特に検討していない企業とはちょうど半々であった。

　内訳をみてみると、超大手企業は「任意の諮問委員会設置を検討している」が最も多く、「指名委員会等設置会社への移行を検討している」企業も一定程度存在していることがわかった。一方で、中堅企業は「監査等委員会設置会社への移行を検討している」が最も多かった（図表4－10）。

　続いて「監査等委員会設置会社への移行を検討している」企業に対し、移行の検討理由を尋ねたところ、「独立社外取締役2名以上の選任に対応するため」が59％と、「経営の監督機能を強化するため」の68％に次いで多くあげられた（図表4－11）。監査等委員会設置会社へ移行すれば、すでに選任している社外監査役をスライドさせて社外取締役とすることが可能であり、社外取締役をこれ以上増やしたくないと考える企業側の本音が読み取れる。このことは、独立社外取締役の人数について尋ねた質問への回答で、「コーポレートガバナンス・コードで最低限求められる2名を維持できればよい」が68％と最も多かったことからも明らかである。独立社外取締役の有用性が理

図表4−10 監査役会設置会社の機関設計に関する意向

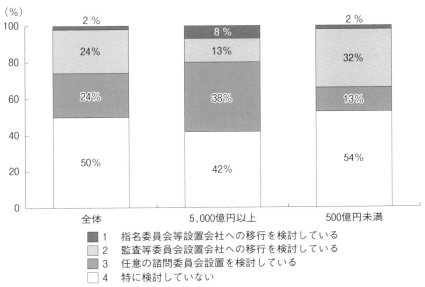

1 指名委員会等設置会社への移行を検討している
2 監査等委員会設置会社への移行を検討している
3 任意の諮問委員会設置を検討している
4 特に検討していない

(資料) 日本総合研究所作成

図表4−11 監査等委員会設置会社への移行検討理由

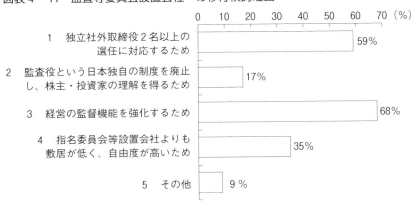

(資料) 日本総合研究所作成

解されておらず、監査等委員会設置会社が一種の隠れ蓑として利用されていることは大きな課題であり、この面からの成果はうかがえない。

第4章 日本における改革への取組み　79

(5) コードの成果と課題のまとめ

　以上の推察をまとめると、まず成果としては、コーポレートガバナンス・コードを形骸化させることなく、企業側として真摯に受け止め、自社のコーポレートガバナンスを見つめ直すよい契機となったことがあげられる。つまり全体としてはまずまず前向きにとらえられた制度であったと総評できる。

　コンサルティングを通じての個人的な実感としても、J-SOXとは対照的に感じている。J-SOXのときは、監査法人による監査対象ということもあり、とにかく監査意見として問題がないようにするにはどうすればよいのか、という、結論ありきの対応に終始していた。そのため、監査法人の意見に振り回されることも多く、総じて過剰な対応がとられ、企業側の文書化作業負担や有効性評価等の運用負担は非常に重くなっていった。これに対してコーポレートガバナンス・コードは監査対象ではなく、プリンシパルベース・アプローチが採用された。この強制性が薄まった点が、逆に企業の前向きな対応姿勢を引き出したものと考えている。

　一方、課題としては攻めのガバナンス、つまりコーポレートガバナンスを強化することが企業価値向上につながるという道筋が、企業側としては完全に納得できていないことにある。取締役会の活性化や実効性向上を進めないといけないといった漠然とした問題意識はあるものの、そのための具体的な姿をイメージできていないため、独立社外取締役をなぜ2名以上選任しないといけないのか、自社のことをよく知らない独立社外取締役をどう有効活用したらよいかわからないといった意識につながっている。

　また、こうした意識は企業規模が小さいほど強くなっている。東証一部・二部上場企業といえば、世間的には優良な大手企業というイメージが強いが、実際には売上高で1兆円を超すようなエクセレントカンパニーから、売上高100億円に満たない中小規模の企業までさまざまである。現行のコーポレートガバナンス・コードはこうした企業規模の実態を無視しており、本来は階層的な対応がなされるべきではなかったのかと考える。

第 **5** 章

海外における
コーポレートガバナンス改革

1999年、OECDで「コーポレートガバナンス原則」が定められ、コーポレートガバナンスの国際標準化が進み、「よいコーポレートガバナンスとはどのような共通要素をもつものなのか」ということについての認識共有が進みつつある。しかしながら、実態をみれば、各国でそれぞれに異なる文化や経済環境があり、また、それに適合するように企業が発展してきた歴史がある。そこで本章では、「アングロ・サクソン型」といわれるアメリカとイギリスにおけるコーポレートガバナンスの改革と、また、フランス、オランダ等とともに「ヨーロッパ大陸型」の代表といわれるドイツにおける同改革について、法的側面、一般的な組織体制、運用の三つの観点から考察する。

1　アメリカ

(1)　法的側面——改革の歴史的経緯

　アメリカでは、ほかのイギリス、ドイツと異なり、コーポレートガバナンス・コードは制定されていない。かわりにアメリカのコーポレートガバナンスにおいて制定法による強化は、主にサーベンス・オクスリー法（SOX法）によって行われている。そのほかに、ニューヨーク証券取引所の上場規則による強化があるものの、基本的には企業と株主との間の交渉によって改善してきた。すなわち、コーポレートガバナンスの形成について、制定法や上場規則は最低限の基準を提示したにすぎず、実際には主要機関投資家の議決権行使基準がより重要な役割を演じてきたと考えるべきである。本項では、上場規則およびSOX法について述べる。

◆ガバナンス改革の起点

現在まで継続するコーポレートガバナンス改革の起点は1970年代初頭の相次ぐ企業不祥事である。特に1972年のウォーターゲート事件の捜査中に50社以上の上場企業が国内外での贈収賄に関与していたことが発覚し、刑事訴追や証券取引委員会（SEC）の処分対象となった。この不祥事が社会的批判を浴びるなか、米国法律協会や経営者円卓会議がそれぞれコーポレートガバナンスに関する行動規範を相次いで策定した。米国法律協会は、①取締役会の実効性強化のため監査・指名・報酬の3委員会へ権限委譲すること、②指名委員会については構成員全員を非業務執行取締役、監査委員会・報酬委員会においては過半数を非業務執行取締役とすることを提言した。一方、経営者円卓会議は、取締役会の実施指針について提言するとともに、3委員会については、報酬委員会は全員が非業務執行取締役で、指名委員会は過半数が非業務執行取締役から構成されるべきであると提言した。

◆証券取引所の監督強化

これらの提言と同時並行でニューヨーク証券取引所は上場企業の監督機能強化を図るため、監査委員会について上場規則を厳格化した。1974年には監査委員会の有無の開示のみを義務づけていたが、1977年にはすべての上場企業に対し非業務執行取締役で構成される監査委員会の設置を義務づけ、1978年には監査委員会の役割についてのガイドラインを公表した。これらを受け1979年にはほぼすべてのニューヨーク証券取引所上場企業が監査委員会を設置するようになった。ただし、ここでの非業務執行取締役とは利害関係のない独立社外取締役に限定されず、社外から招聘されていれば利害関係のある者であっても問題ないとされており、監督機能強化という目的からするとその効力は限定的だった。

この課題は、全米取締役協会傘下のブルーリボン委員会で当該課題について提言がなされたこともあって、1999年のニューヨーク証券取引所の上場規則改定で解消に向け大幅に改善することとなった。

◆サーベンス・オクスリー（SOX）法の制定

2000年代初めのエンロン等企業会計に関する不祥事を契機に、2002年サー

ベンス・オクスリー法が制定された。同法では監査委員会の有する権限がさらに強化され、従来の企業不祥事防止という観点だけでなく、監査法人選任、監査方針策定まで関与できることになった。さらに、監査委員会で主に論じられていた構成員の独立性について、2007年のニューヨーク証券取引所上場規則の改定で、指名委員会、報酬委員会についても非業務執行取締役のみで構成されるものとなった。

また不正会計防止のため、最高経営責任者（CEO）および最高財務責任者（CFO）は個人的に自社の財務報告書に署名することとし、監査委員は内部統制の有効性についての立証が求められるようになった。

(2) 組織体制

図表5－1はアメリカの代表的な企業であるGeneral Electric Company（略称「GE」）のガバナンス体制を示している。米国企業の取締役会は一層制であり、監査・指名・報酬の3委員会を軸として、業務執行を監督する体制をとっている。

図表5－1　米国企業のガバナンス体制（GEの例）

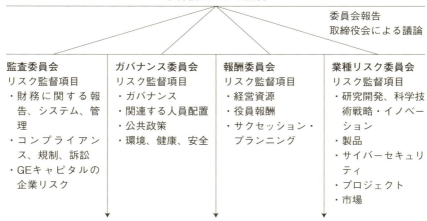

（資料）　General Electric Company "Notice of 2017 Annual General Meeting & Proxy Statement" をもとに日本総合研究所作成

なお、3 委員会はあくまでも基本であり、それ以外の委員会も業務執行の監督に有用であれば設置が許容される。図表5－1のガバナンス体制によると、同社には委員会のほかに事業リスク委員会が存在する。多くの産業セクターでビジネスを展開している同社においては、業種別に異なるリスクにさらされており、それを網羅的に把握し対処するためには、監査委員会だけでは不十分であることが予想され、適切な対処を行うため同社独自の事業リスク委員会を設置したと思われる。

(3)　運　　用

◆取締役会の構成

　取締役会自体は、業務執行取締役および非業務執行取締役から通常構成されているものの、ニューヨーク証券取引所上場企業では3委員会は全員独立社外取締役で構成されていなければならない。

◆ガイドライン履行状況の開示

　また、以下の7項目を含むコーポレートガバナンス・ガイドラインの開示が義務づけられている。

　7項目とは、①取締役の適格基準、②取締役の責任、③取締役の経営陣および独立したアドバイザーへのアクセス、④取締役の報酬、⑤取締役のオリエンテーションおよび継続的なトレーニング、⑥経営陣の後継者、⑦毎年の取締役会のパフォーマンス評価である。ただし、これらの内容の詳細について規程があるわけではなく、各企業に裁量が委ねられている。

2　イギリス

(1)　法的側面——改革の歴史的経緯

　イギリスのコーポレートガバナンスは、法律である英国会社法および上場企業のみに適用されるコーポレートガバナンス・コードにより規定される。

第5章　海外におけるコーポレートガバナンス改革　85

英国会社法は主に企業の監督体制およびその運用について触れており、近年大きな変更がなされていないため後述することとし、ここではコーポレートガバナンス・コードの歴史的経緯について詳述する。

◆ガバナンス改革の起点

　現在のコーポレートガバナンス・コードの原型は1992年のキャドバリー報告書である。その背景には、1980年代後半に頻発した企業不祥事の存在があるが、その多くは不正会計が関係していた。たとえば、1986年に起きたギネス事件では、アルコール製造業者であるギネス社が同業のディスティラーズ社の買収に際し、ディスティラーズ社の敵対的買収者を振り切るため、自社株の買支え工作を実施し、買支えの参加者の損害を自社資金で補償した。この工作およびそれに伴う不正会計を指揮したのは、ギネス社の最高経営責任者（CEO）だった。

◆証券取引所の監督強化、ガバナンス・コードの制定

　1980年代の企業不祥事により取締役会が企業不祥事の防止という観点では適切に機能していないことが明確になったため、1991年に財務報告評議会（FRC）、ロンドン証券取引所（LSE）、会計士団体により、キャドバリー委員会が設置された。同委員会は、取締役会の構造と責任、監査役の役割、株主の権利と責任等を検討し、翌1992年の報告書では、取締役会の監督機能についてのCode of Best Practice（最良実務コード）を示したうえで、上場企業が年次報告書において最良実務コードを遵守しない場合、その理由を開示することを推奨した。1993年には、その実効性を確保するため、LSEは上場規則で最良実務コードの遵守状況の開示を「コンプライ・オア・エクスプレイン」アプローチで義務づけた。

　最良実務コードを示し、その遵守状況の開示を「コンプライ・オア・エクスプレイン」アプローチで義務づけるという対処は、1995年のグリーンブリー報告書でもなされた。グリーンブリー研究会の設置は、イギリス産業連盟（CBI）を通じた政府の要請でなされたが、その主題は民営化企業の経営陣の過剰報酬の社会問題化であった。役員報酬の承認も取締役会の役割であり、過剰報酬の抑制という意味では取締役会が十分に機能していないという

意味で、取締役会の見直しが同研究会でなされたのである。グリーンブリー報告書では、取締役の報酬決定方法の見直しや報酬委員会、報酬開示の改善等を最良実務コードとしてまとめ、勧告した。

　さらに、ハンペル委員会が同年に設置され、キャドバリー報告書で示された最良実務コードの更新の必要性が検討された。これにより、先述のグリーンブリー研究会の検討内容も反映されることとなったが、同委員会の設置主体がキャドバリー委員会のFRC、LSE、会計士団体に加え、グリーンブリー研究会の背後にあったCBIが含まれたことがそれを雄弁に物語っている。

　3年にわたる検討の後、1998年にハンペル報告書として①取締役の役割、②役員報酬、③株主との関係、④説明責任および会計監査について原則・指針・提言・勧告がまとめられた。同1998年にハンペル報告書で示された原則や指針は、「統合コード」としてLSEの上場規則に採用された。統合コードには企業に対する原則・指針だけではなく、機関投資家に対する原則・指針も含まれていた。これは、企業による原則・指針に関する説明を評価できる機関投資家の存在についても委員会が同様に重要性を認識していたことが背景にある。この機関投資家に対する原則・指針は、2010年にスチュワードシップ・コードとして独立することになる。

　統合コードは、2000年代初頭のエンロン事件をはじめとする企業不祥事を機に、ヒッグス委員会、スミス委員会、監査および会計問題に関する調査グループといった複数の委員会の設置とともに見直しがなされた。ヒッグス報告書では、①取締役会の過半数を独立の非業務執行取締役とすること、②CEOと取締役会議長の分離、③同一の非業務執行取締役による監査委員会・報酬委員会・指名委員会の各委員会の兼任回避等の勧告が示された。スミス報告書では、内部統制システムと内部監査機能の実効性の向上を目的とした統合コードの改定が提案された。ヒッグス報告書、スミス報告書、および監査および会計問題に関する調査グループの最終報告書の内容をそれぞれ加味し、改定統合コードが2003年7月に成立した。

　その後統合コードは、定期的に改定されることになるが、重要な改定は2000年代後半の金融危機を受けた2010年の改定である。議長と非業務執行取

締役を中心とした取締役会の役割や監査委員会・報酬委員会・指名委員会の
3委員会の職責とともに、企業の長期的な成功への志向を強調するものと
なった。2010年の改定から統合コードは、「コーポレートガバナンス・コー
ド」と名称が変更された。2012年、2014年、2016年と2年ごとに行われた
コーポレートガバナンス・コードの改定においても、2010年の改定内容をよ
り強調されたものとなっている。

　企業の長期的成長志向は、2006年改正英国会社法172条に規定されている
取締役の義務とも整合している。同条文では、長期的視点における企業の成
功を促進することが取締役の義務であるとし、その際に従業員、サプライ
ヤー、顧客、地域社会、環境等ステークホルダーへの配慮が不可欠であると
明確に示している（詳しくは208ページ参照）。これは株主とそれ以外のステー
クホルダーとの間の利害の対立に対する妥協の産物であるとの見方もある。
しかし、株主以外のステークホルダーも潜在的に株主となる可能性を排除せ
ず、株主利益の追求が株主以外のステークホルダーも利するとの考え方に基
づいているともとらえられる。

(2)　組織体制

　図表5-2では英国企業の代表的な存在であるオイルメジャーのBPにお
けるガバナンス体制を示している。英国企業は、ヨーロッパ大陸の企業と異
なり取締役会は一層式であり、監査委員会・報酬委員会・指名委員会の3委
員会を軸として、業務執行を監督する体制をとっている。その点でアメリカ
と同一である。

　また、3委員会は軸であり、それ以外の委員会も業務執行の監督に有用で
あれば許容されることもアメリカと同様である。

　図表5-2の同社のガバナンス体制では3委員会のほかに、地政学委員会
等が設置されている。同社の主要事業である石油採掘については、地政学リ
スクの高い地域での操業を余儀なくされ、かつ、自社でのリスク低減が困難
な場合も多いため、3委員会以外に当該委員会が設立されたと思われる。

図表 5 − 2　英国企業のガバナンス体制（BPの例）

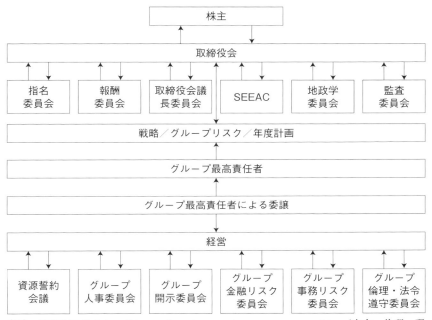

（注）　SEEAC: Safety, ethics, and environment assurance committee（安全・倫理・環境保証委員会）
（資料）　BP plc "Annual Report and Form 20-F 2016" をもとに日本総合研究所作成

(3) 運　　用

　取締役会は、業務執行取締役と非業務執行取締役から構成されているものとされており、制度上では取締役会は純粋な監督機関とは位置づけられていない。さらに、日本の監査役会のような取締役会と別の監督機関の設置は規定されていない。

　ただし、社会的な影響が大きいFTSE350企業（LSE上場企業のうち時価総額上位350社）については、監督機能の充実がより強く要求されているため、取締役会および3委員会の構成員については要求水準が明確化されている。

◆取締役会等の構成

　取締役会の半数以上は、議長を除き非業務執行取締役で構成されていなけ

ればならない。指名委員会の過半数は、非業務執行取締役のなかでも独立性基準を満たす独立非業務執行取締役で構成されていなければならず、その委員長も独立非業務執行取締役でなければならないとされている。残りの監査委員会および報酬委員会においても、3名以上の独立非業務執行取締役による構成が義務づけられている。さらに、監査委員会の構成員については、財務経験者であることが要件とされ、委員会の実効性の確保が重視されている。なお、取締役の任期は1年とし、毎年改選される仕組みとなっている。

　また取締役会議長とCEOの分離が、取締役会の監督機能の確保の観点から重視されている。先述の企業不祥事から、執行の最高責任者であるCEOが取締役会の監督機能低下につながるとの見方が定着している。そのため取締役会議長とCEOは別の人物が務めることにより分離されるだけでなく、取締役会議長は独立非業務執行取締役が務めることになっている。またCEOが退任後に取締役会議長に就任することも禁止されている。

　一方、企業内部の情報へのアクセスが限定されている非業務執行取締役のサポート体制も取締役会の監督機能を考えるうえで重要と考えられている。独立非業務執行取締役のみで構成される会合の場を設けることに加え、その代表者として上席独立非業務執行取締役を任命し、社内取締役に対する発言力を確保する体制となっている。

◆非業務執行取締役への情報提供

　非業務執行取締役の業務執行取締役との情報格差を是正するため、非業務執行取締役には、就任時および就任後の定期的な研修が規定されている。また、取締役会出席に先立つ情報獲得、および、それをサポートする秘書役の役割についてもコーポレートガバナンス・コードで明示されている。

3 ドイツ

(1) 法的側面——改革の歴史的経緯

ドイツでは、イギリスよりやや遅れて、1990年代に入って多くの企業不祥事が発生した。1994年には、子会社が石油価格暴落によって先物取引で失敗し巨額損失が発生したMetallgesellschaft（メタル・ゲゼルシャフト）や、当時ドイツ最大の不動産会社で銀行から不正に融資を受けて不動産投資に失敗し多額の負債を抱えたJürgen Schneider（ユルゲン・シュナイダー）が経営破綻した。このような企業不祥事の発生から、監査役会が監視機能不全[8]を起こしていると世論から批判されるようになった。さらには、世界的な潮流も相まって、ドイツでは一気にコーポレートガバナンス改革が推し進められた。ただし、その改革については、監査役会という組織はそのまま存続させ責務を増やす、すなわち、企業の組織のあり方は従前と変えずに、その役割・機能を強化する方向で進められている。

◆ガバナンス改革の起点

ドイツにおけるコーポレートガバナンス改革の起点は、1998年の「企業領域におけるコントロールおよび透明性に関する法律」（Gesetz zur Kontrolle und Transparenz im Unternehmensbereich. 以下「KonTraG」）である。この法律は、1990年代に続発した企業不祥事の原因と考えられた、監査役会の機能不全への対処、すなわち監査役会による経営陣への監督機能の強化を目的に制定されたものである。具体的には、取締役会から監査役会への情報共有の

---

8 このような機運の高まりの背景には、機関投資家の影響力の増大がある。1980年代までは、株主は直接的に企業経営に関与することは少なかった。それは、ドイツでは銀行が企業の圧倒的多数の議決権を有していたからである。ドイツでは、銀行が持株比率制限なしに保有した株式に加え、個人投資家や機関投資家から預託を受けた株式についても銀行が行使できる「寄託議決権」を有していた。これによりドイツ企業の経営者は、資本市場・株主からの影響を意識することなく、一定の自由度をもちながら、安定した経営の舵取りが可能であった。

第5章　海外におけるコーポレートガバナンス改革　91

不足を是正するために、監査役会に取締役に対する報告請求権を付与することが定められた。これにより、それまで機能不全から有名無実化していた監査役会の取締役会に対する監督責務があらためて指摘されるとともに、実効性を伴うように強化されたのである。

また同時に、この法律で、監査役の兼任については10社まで、監査役会議長の兼任は5社までに制限するという規則が定められた。これは、実質的にドイツの金融機関による監査役を通じた事業法人の経営関与を制限することを意味している。その背景には、それまで多くの企業の監査の責務を引き受けてきた銀行の監督能力への不信感があったためであると推測される。メタル・ゲゼルシャフトでは、主力銀行であったDeutsche Bank（ドイツ銀行）が、監査役会議長を派遣し、経営を監督する立場にあった。また、ユルゲン・シュナイダーにおいても、ドイツ銀行は主力銀行の立場にあって、かつ融資審査において過失が認められて同行の「貸し手責任」が問われていた。このように融資の審査や経営のモニタリングにおいて銀行が本来果たすべき責務が全うできていないため批判の的になったのである。

◆政府による監督強化

1998年のKonTraG施行後、二つの民間グループから、企業倫理の改善と、株主である機関投資家の投資判断に役立つ企業情報の開示とその透明性向上を掲げた、コーポレートガバナンス・コードがそれぞれ草案された。これにより、ドイツ全体で、コーポレートガバナンス改革を進めていこうという機運が高まった。この機運を受けて、当時のシュレーダー政権は、フランクフルト大学バウムス教授を政府の諮問委員会の委員長に任命して、「コーポレートガバナンス委員会」を設置した。その委員会での議論をふまえて2001年7月に報告書がまとめられ、そのなかで、①株式法等の企業法制の改正、②統一的なコーポレートガバナンス・コードの策定、さらには、③コード策定のために、政府、有識者、労使、証券業界等のさまざまな企業のステークホルダーから構成される専門家委員会の設置、等が提言された。

◆ガバナンス・コードの制定

コーポレートガバナンス委員会の報告を受けて、ドイツ政府は2002年に

「ドイツ・コーポレート・ガバナンス・コーデクス（Deutscher Corporate Governance Kodex. 以下「Kodex」）を制定した。

このKodexの特徴としては、以下の三つがあげられる。一つ目は、企業経営の透明性の向上を目指したことである。これによって、株主・投資家の権利の保護、さらには、顧客、従業員、社会全般からの企業経営に対する信頼性を高めることを期待した。二つ目は、監査役会の機能を拡充するとともに、その役割を明確にしたことである。これは、資本市場で存在感が高まってきた外国の機関投資家からの要求に応じたものであり、外部からみても理解しやすい仕組みを構築するねらいがあった。さらに三つ目は、経営の執行状況の監督者として、監査役と決算監査人の独立性を確保することであった。

また、Kodexを、「勧告」と「推奨」の２種類に分けて記載することにより、企業が遵守すべき水準を明確にした。これによって企業は、勧告の場合であれば、必ずしもKodexに沿わずに異なる行動をとることもできる。ただし、その場合には「コンプライ・オア・エクスプレイン」アプローチに基づいて、企業の対応がどの程度コードと乖離しているのか、そのような対応をとることにした理由について、準拠声明書において毎年公表する義務を負うことになっている[9]。もし、準拠声明書への公表を忌避、ないしは声明書において不正な声明を行った場合には、その責任を問われることとなる。

Kodexは、ハード・ロー（法律）ではなく、ソフト・ローであるため容易に変更が可能である。事実Kodexは、2002年に初めて公表されて以降、毎年のように内容が改正されている。

（2）　組織体制

図表５－３は、ドイツを代表する金融機関Deutsche Bank（ドイツ銀行）

---

[9]　筆者（佐藤）が、2016年11月29日ドイツ銀行協会の法務部門ディレクターにヒアリングを行ったところ、ドイツの株価指数であるDAX（Deutscher Aktienindex）30に組み入れられた企業においてコーポレートガバナンス・コードを遵守している比率は、足許で96％、大手銀行に限ってみれば83％という高い数値であった。

第5章　海外におけるコーポレートガバナンス改革　93

図表５−３　ドイツ企業のガバナンス体制（ドイツ銀行の例）

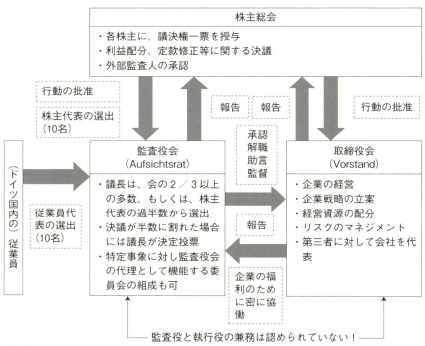

（資料）ドイツ銀行資料より日本総合研究所作成

の組織図を示したものである。ドイツのコーポレートガバナンスの組織体制における最大の特徴は、経営の執行を行う組織と監督を行う組織が明確に分離されていることである。業務を執行するのは取締役会（Vorstand）の役割であり、それを監督するのが監査役会（Aufsichtsrat）の役割である。このような企業の経営システムは、一般に「二層式」と呼ばれ、一層式のアメリカとイギリスとは大きく異なる。ドイツの取締役会は、日本企業に当てはめて考えるならば、執行役会に似ていると考えられるだろう。実際に、Vorstandを（執行役会と和訳される）Executive Board、他方でAufsichtsratを（取締役会と和訳される）Board of Directorsと英語表記しているドイツ企業も存在する。

　監査役会の役割は、経営の監督に特化している。しかし、経営の監督と

は、会計面だけではない。ドイツでは、取締役が取り仕切る業務の監督およ
び評価が中心である。そのため、監査役会には、報酬委員会や監査委員会・
投資委員会等、各種の専門委員会が設置されており、これらの専門委員会に
おいて、取締役会議長（通常CEOが努める）を含む取締役の選任・解任権お
よび報酬額や従業員全体の報酬についての決定を行っている。これらを整理
して考えると、現在の日本での指名委員会等設置会社や、アメリカやイギリ
スの一層式のボードにおける指名委員会、監査委員会、報酬委員会の3委員
会の機能が、ドイツでは監査役会の機能として分離・独立した別組織となっ
ていて、取締役や業務執行役の監督を行っていると理解すべきである。一方
で、監査役会は、経営への監督・助言や、業務規程の策定に関する機能も有
している。また、監査役会には、定款により、監査役会の決議を通じて取締
役会における一定の業務に関する同意権が与えられており、企業の重要な戦
略の意思決定に監査役会が関与することが可能である。このように、ドイツ
における監査役会は日本における取締役会内の各種委員会と似た性格といえ
るが、権限は各種委員会より強い。

　このように監査役会と取締役会は明確に役割が分かれているため、時とし
て両者が対立することもありうる。そのため、取締役の役割と監査役の役割
を峻別すべく監査役と取締役との兼任は禁止されている。したがって、監査
役会の議長は、必ず非業務執行者が務めることになる。さらに、取締役会は
全会一致での意思決定が必要とされていることから、取締役は単独で責任を
負うのではなく、共同で責任を負うことになる。そのため、取締役は自分が
委嘱された職務だけでなく、ほかの取締役の職務について関心を払うなどの
意識づけが求められる。

　もっとも、ドイツ型の監査役会と取締役会の二層式構造は独自の発展を遂
げたものであり、EUにおいても、イギリス・アメリカ企業のように一層式
のボード、すなわち、監査役会と取締役会に分けることなく、監査委員会等
を取締役会の内部委員会として設置する形態を採用している国も多い。その
ため、EU域内における会社法の調整という観点から、ドイツにおいても一
層式構造へ移行すべきではないかという要請が高まっている[10]。

第5章　海外におけるコーポレートガバナンス改革　95

(3) 運　用

◆監査役会の構成

　監査役会は、株主総会によって選出される株主代表の監査役と、従業員の選挙から選出される従業員代表の監査役によって構成される。これはドイツに特有の「共同決定」（Codetermination）と呼ばれる思想によるものである。ドイツでは、かねて経済施策と社会福祉施策とを融合させた「社会的市場経済の原則（Prinzipien der sozialen Marktwirtschaft)」の理念に基づいて実際の経済社会を構築しようとしてきた歴史があった。そのため、企業経営をアメリカやイギリスのように単純に経済のメカニズムである市場原理に委ねるのではなく、企業が根ざす社会におけるメカニズム、あるいは、従業員の声に基づかせるメカニズムを取り入れようとしているのである。

　そのため、ドイツ国内で500人または2,000人超の従業員を有する企業では、労働者も監査役会において代表者を置くこととされ、その場合、監査役会の3分の1または2分の1は、従業員によって選出された代表者によって構成されることになる。これは、1976年制定の共同決定法（Gesetz uber die Mitbestimmung der Arbeitnehmer)、ならびに、2004年の労働者の監査役会三分の一参加に関する法（Drittelbeteiligungsgesetz）の法律によって定められている。図表5−3に示すドイツ銀行の場合には、監査役会は20名で、株主総会で選出された10名の株主代表監査役、また、ドイツ国内の従業員から選出された10名の労働者代表の監査役から構成されている。

　このように、株主と労働者とは、平等に企業の利益を享受できるような体制の構築が念頭に置かれているが、監査役会の長である議長（Aufsichtsrats-vorsitzende）については、株主側に配慮されている。議長は、監査役会のメンバーの3分の2の多数、ないしは株主代表の過半数から選出されることに

10　筆者（佐藤）が、2016年11月28日ベルリン証券取引所の役員にヒアリングを行った際、同役員より「機関投資家はすべての質問を監査役に対して行うが、監査役がすべてに投資家が満足のいく回答をできないのが実情である。この原因としては、監査役と取締役の意見が必ずしもそろっているわけではないためである」という趣旨の説明があった。

なっており、事実上、株主代表の中から決定される仕組みとなっている。さらに、監査役会において決議が同数に分かれた場合、議長が決議を決定づける二つ目の議決権、すなわち、キャスティングボートを有しているのである。このように、監査役会の運営を司る議長については、株主に一定の配慮がなされている。

◆**履行状況の情報開示**

2005年8月に「取締役の報酬の開示に関する法律、取締役の報酬開示法」（VorstOG）が成立したことで、Kodexの個別開示の勧告に対して、法的な拘束力が与えられた。VorstOG1条では、上場企業は個々の取締役の名前をあげて報酬の総額を記載し、固定報酬部分と実績に連動する変動報酬部分や長期インセンティブを記載する規程が定められている。なお、Kodexの準拠状況については、コーポレート・ガバナンス・ベルリンセンター（BCCG：Berlin center of Corporate Governance）が2003年以降、毎年発行している報告書Kodex Reportに記載されている。

4 ま と め

以上、アメリカ、イギリス、ドイツの3カ国におけるコーポレートガバナンス改革についてみてきた。それらの概要をまとめると図表5－4のとおりになる。

この図表からわかるとおり、類似している点はあるものの、仔細にみれば、各国の状況や取組みは一様ではない。たとえば、アメリカでは、法規制によって企業経営の規律づけを行おうとしているのに対して、イギリスとドイツでは、それをソフト・ローであるコーポレートガバナンス・コードによって行おうとしている。また、企業の組織体制についてみても、アメリカ、イギリスは一層式のボードである取締役会のみであるが、ドイツは、（体制をアメリカ、イギリスにそろえようとしている日本とは異なり）従来どおり、監査役会と取締役会の二層式のボードを維持している。このように異な

第5章　海外におけるコーポレートガバナンス改革　97

図表5－4　アメリカ、イギリス、ドイツのコーポレートガバナンス改革の概要

	アメリカ	イギリス	ドイツ
経緯	企業不祥事（1970年代と2000年代）	企業不祥事（1980年代後半）	企業不祥事（1990年代）
法的側面	制定法による強化（主にサーベンス・オクスリー法）	コーポレートガバナンス・コード	コーポレートガバナンス・コード
組織体制	一層式（取締役会）	一層式（取締役会）	二層式（監査役会・取締役会）
運用	・取締役会は業務執行取締役と非業務執行取締役から構成 ・ニューヨーク証上場企業の3委員会は全員独立社外取締役が務める	・取締役会は業務執行取締役と非業務執行取締役から構成 ・取締役会の監督機能の確保の観点から、取締役会議長は独立非業務執行取締役が務める	・監査役会が最高機関。「共同決定法」などの法律のもと株主代表と従業員代表が半々 ・監査役会による取締役会の監督機能の確保の観点から、監査役と取締役の兼務は禁止

（資料）　各種資料をもとに日本総合研究所作成

るのは、企業を取り巻く社会経済環境、あるいは、築き上げてきた既存の企業法の理念が大きく異なるからである。

　ただし、以下の2点については、3カ国とも共通している。

　まず1点目は、時期に前後があるものの、各国とも世間を騒がすような重大な企業不祥事の発生・発覚を契機に、企業経営の監督を強化すべきであるという機運が高まり、コーポレートガバナンス改革が大きく進展していることである。したがって、改革の主眼は、企業の経営者の暴走をいかに止めるか、企業の組織的な隠蔽や腐敗をいかに防止するかに置かれている。

　2点目は、1点目と表裏一体の関係にあるが、取締役会（ドイツでは監査役会）に関する業務執行からの独立性をいかに確保するかについての議論がなされたことである。その結果として、アメリカでは、ニューヨーク証券取

引所の上場規則において、指名委員会・監査委員会・報酬委員会の3委員会委員のすべてを独立社外取締役が務めることが定められており、イギリスでは、取締役会議長は独立非業務執行役が務めることとされている。また、ドイツにおいては、監査役会のメンバー全員が、業務執行を担当する取締役を兼務することが禁止されている。

　また、業務執行の監督や、業務執行を司る経営者・経営陣の適切な評価を行うにあたり独立性を確保する要件として、企業内部から昇格した人物ではなく、企業と利害関係のない中立的な立場にある人物が当該機関の中心となることが必須であるという点も3カ国で共通した事象である。

　日本でもコーポレートガバナンス改革が進められつつあるが、アメリカ・イギリス・ドイツ各国のコーポレートガバナンス改革は、「守りのガバナンス」を目的に進められているのに対して、日本では「攻めのガバナンス」、企業の収益力向上が目的とされており、対照的である。さらに、日本ではコードで取締役の独立性は、複数の社外取締役を任用すべきという段階でとどまっているが、3カ国においては、より重要な職務をすべて独立社外取締役が務めることを法律や上場規則で定めている。日本では、現状において他国とのそのような差異があり、今後もさらなる修正の余地があることを認識したうえで、具体的な取組みを進めていくことが肝要であろう。

【参考文献】

末永敏和、藤川信夫［2004］「コーポレート・ガバナンスの世界的動向─欧米、中国・韓国における法制度を中心とする最近の展開ならびに『会社法制の現代化に関する要綱試案』の動向」経済経営研究、Vol.25、No.3、2004年9月、日本政策投資銀行設備投資研究所

[アメリカの参考文献]

大杉謙一［2013］「コーポレート・ガバナンスと日本経済─モニタリング・モデル、金融危機、日本的経営」日本銀行金融研究所Discussion Paper、No. 2013-J-6、2013年5月

American Bar Association Section of Corporation, Banking and Business Law's

Committee on Corporate Lawsn, [1978] *"Corporate Director's Guidebook"*, January 1978.

Business Roundtable, [1978] *"The Role and Composition of the Board of Directors of the Large Publicly Owned Corporation"*, November 1976.

New York Stock Exchange [2008] *"Listed Company Manual"* August 2008.

[イギリスの参考文献]

The Committee on the Financial Aspects of Corporate Governance [1992] *"Report on the Committee on the Financial Aspects of Corporate Governance"* (known as the Cadbury Report), December 1992.

Study Group on Directors' Remuneration [1995] *"Directors' Remuneration: Report of a Study Group chaired by Sir Richard Greenbury"* (known as the Greenbury Report), July 1995.

Hampel Committee [1998] *"Final Report - Committee on Corporate Governance"*, January 1998.

Sridhar Arcot, Valentina Bruno, Antoine Faure Grimaud [2005] *"Corporate Governance in the UK: is the Comply-or-explain Approach Working?"*, November 2005.

The Co-ordinating Group on Audit and Accounting Issues [2003] *"Final Report"*, April 2003.

Financial Reporting Council [2003] *"Audit Committees Combined Code Guidance: A report and proposed guidance by an FRC-appointed group chaired by Sir Robert Smith"*, January 2003.

Derek Higgs [2003] *"Review of the role and effectiveness of non-executive directors"*, January 2003.

Financial Reporting Council [2010] *"The UK Corporate Governance Code"*, June 2010.

Financial Reporting Council [2012] *"The UK Corporate Governance Code"*, September 2012.

Financial Reporting Council [2014] *"The UK Corporate Governance Code"*, September 2014.

Financial Reporting Council [2016] *"The UK Corporate Governance Code"*, April 2016.

[ドイツの参考文献]

加護野忠男、砂川伸幸、吉村典久 [2010]『コーポレート・ガバナンスの経営学―会社統治の新しいパラダイム』有斐閣

海道ノブチカ [2013]『ドイツのコーポレート・ガバナンス」中央経済社

海道ノブチカ、風間信隆編著［2019］『コーポレート・ガバナンスと経営学―グローバリゼーション下の変化と多様性』ミネルヴァ書房

北尾聡子、龍山和歌子［2015］「ドイツ・コーポレートガバナンス・コードその開示」RIDディスクロージャーニュース、2015年7月、Vol.29

みずほ銀行産業調査部［2015］「ドイツにおけるコーポレートガバナンスの変革」https://www.mizuhobank.co.jp/corporate/bizinfo/industry/sangyou/pdf/1050_03_08.pdf

吉森賢［1994］「ドイツにおける会社統治制度―その現状と展望」横浜経営研究、第XV巻、第3号

Deutscher Corporate Governance Kodexホームページ　http://www.dcgk.de/de/kodex.html

第 **6** 章

ガバナンス改革が抱える課題と
解決の方向性

企業に求められることは「継続的に価値を高める」ことであり、これは洋の東西を問わない。そのために企業経営における規律を明確にすることが重要な要素であり、議論を重ねるなかでコーポレートガバナンスの枠組みが形成された。

　コーポレートガバナンスはハード・ローとソフト・ローの双方で構成されることは第1章でも説明したとおりであるが、制度の設計と運用については、自国の経済や法制度など、さまざまな背景に基づいて形成されるものであり、それゆえ、コーポレートガバナンスのあり方については、各国の実情に基づいて行われるべきである。そのための基本理解として、第2章〜第4章においてはわが国（日本）の、第5章ではアメリカ、イギリス、ドイツのコーポレートガバナンスについて整理を行っている。

　本章では、第5章までの考察と議論をふまえ、わが国のコーポレートガバナンス改革が抱える課題と解決の方向性について整理する。

1　日本企業の伝統的ガバナンス

(1)　形成過程における特色

　戦後、日本経済は驚異的なスピードで回復と発展を遂げた。成功要因についてはさまざまな分析があるが、単純に経済状況に起因するものではなく、当時の日本企業の経営システムが、当時の社会環境に適合して好業績をつくりあげたという側面は見逃せない事実である（図表6−1）。

　以下では、日本企業の躍進を支えてきたと思われる三つの特徴を整理す

る。

① **金融機関のバックアップ**

　一般的に、事業の拡大局面においては、成長資金をどのように確保するかは大きな経営課題であるが、特に日本においては、成長期に金融機関が機動的に資金提供を行った。さらに、日本企業と金融機関の間には「メインバンク」という長期の関係構築による支援体制が存在し、その場合は単純に融資の提供だけではなく、販売や仕入れなど各種取引先の紹介、さらには金融機関のOB社員の派遣など、さまざまな立場で企業の成長を支えてきた。また、融資の過程で企業の財務状況をチェックし、必要とあれば業績改善のための提言をするなどの一定の牽制を果たしてきた。日本においては企業と金融機関の関係はこのように長期の互恵的な関係を構築してきたのである。

② **ケイレツ・垂直統合**

　日本の産業構造の特徴として、自動車産業に代表されるように最終品メーカーを頂点にモジュール、部品、そして資材までを垂直統合で囲い込む傾向がある。そして、この垂直統合は企業ごとに一定の排他的な傾向があり、これが「ケイレツ」と呼ばれるゆえんである。

　ケイレツ内部では当事者企業間においては、単純かつ個別の取引にとどまらず、長期の供給契約を締結する。また、中長期の製品開発にも一体となって対応するなど、その取引構造は中長期に及ぶ。また、ケイレツ内部での紐帯を強めるため、ケイレツの上位企業が下位企業に対して株式保有や経営幹

図表6－1　高度経済成長を支えた独自の経営システム

（資料）　日本総合研究所作成

部派遣などを行うケースも一般的であり、このように長期かつ安定した関係構築を前提にして、相互の業績を拡大してきたのである。

③　継続雇用・家族経営

　日本企業の成長を支えた要素として考えられるほかのファクターとして、雇用に関するものがあげられる。基本的に、日本企業は継続雇用が前提であり、経営幹部の登用も内部登用が主体となっている。中長期で成長過程にある企業においては継続雇用と内部昇格のシステムは非常に有効に作用する。安定された将来が高いロイヤリティを生み、企業の発展に寄与するからである。

　また、日本においてオーナー企業などでよく見られる家族経営などは、終身雇用の仕組みと相まって、従業員の連帯感とロイヤリティをさらに高める仕組みとなっている。

　これらの仕組みに共通することは、ステークホルダーに対して中長期にわたっての継続的かつ互恵的な関係を構築することにあるということである。安定した取引や、資金調達、雇用環境が、高度成長の原動力となった企業業績に下支えになっていたことは確かであるといえよう。

⑵　改革を迫った環境変化

　日本のコーポレートガバナンスは、ステークホルダーとの長期的な互恵関係から形成されたことは先述のとおりであるが、経済・社会環境の変化に伴い、これらのあり方は大きく変化しつつあることもまた事実である。特に、バブル期以降、日本の経済・社会環境は大きく変化し、企業の経営スタイル、ひいてはコーポレートガバナンスに大きな影響を及ぼしたと思われる。以下では、主要な変化の要因を整理する。

◆事業の多角化、グローバル化

　日本では、国内経済の成長が中長期的には踊り場に差し掛かると想定されるなかで、企業は持続的な成長を求めるために、事業領域の拡大や、海外への事業展開などを志向することになった。その結果として、他事業や地域の人

材の採用は常態化し、さらにはM&Aの実施により、いままでとは異なる背景の人材を受け入れることとも含めて、結果として従来の内部昇格を前提とした人事システムに大きな揺らぎが生じることとなった。

◆企業再生フェーズでの影響

バブル崩壊後、日本企業は保有資産の価値低下と、業績不振の双方で苦境に立たされたが、その後の企業再生の過程で従来の日本の経営システムが大きく揺らぐこととなった。特に、企業再生ファンドにおいては資本を拠出するとともに、必要であれば外部からプロの経営陣を送り込み、ビジネスモデルや従来の取引関係を徹底的に見直し、そして必要に応じて、雇用も含めたリストラクチャリングの施策を行い、業績の回復に努めたことからもこの流れは容易に理解できるであろう。

このような企業再生フェーズの特徴としては、従来と比較すると株主の発言権が強まったとともに、従来よりも短期的な視点での業績や企業価値の向上が意識されることとなった。

◆投資ターゲットとしての日本企業

上記の再生フェーズと前後して、日本の株式市場にも変化が訪れる。日本企業の収益性や資本効率に改善の可能性を感じた海外の機関投資家が株式市場に相次いで参入した。これらの投資家は、「物言う株主」として、企業価値の向上と、株主への利益還元を求めて、企業経営者にステークホルダーとしてプレッシャーを浴びせる立場となった。

◆雇用環境や意識の変化

従来の日本企業の雇用環境やシステムは、年功序列をベースとした長期的な関係構築に重きを置いていた。しかしながら、事業の多様化、グローバル化とともに、日本企業においても中途採用者や外国人従業員が増加するとともに、優秀な社員をつなぎとめるために、人事制度も能力主義へと移行した結果、雇用の流動性が高まることとなった。さらに、従業員のみならず、経営者についても外部からの招聘なども徐々に増えつつある。

これらの変化は、全体からみるとごく一部にすぎないが、共通しているのは、日本企業の経営システムは、かつてのステークホルダーとの長期互恵的

第6章　ガバナンス改革が抱える課題と解決の方向性　107

な関係構築重視から、欧米的な株主中心の企業価値重視に転換しつつあるということである。

特に、近年においては政府の成長戦略の一環として、企業の投資行動を促進させて「稼ぐ力」を向上させたいという政策目的から、欧米的なコーポレートガバナンスの考え方が、日本の産業界にも浸透しつつあることは間違いがない。コーポレートガバナンス・コードの導入に関する議論をみればその流れは明確である。

たしかに、上場企業において株主は重要なステークホルダーであり、機関投資家や外国人株主が増加している状況においては、意識して対応すべきであろう。また、変化の激しい経済・社会環境においては、従来の日本で主体的であった長期互恵的なステークホルダーとの関係は必要に応じて修正することも当然のことである。

しかしながら、現在のコーポレートガバナンス・コードも含めた、ガバナンス改革は性急に欧米型、特にアメリカ型のガバナンスに舵を切りつつある感もある。冒頭で述べたとおり、コーポレートガバナンスは、その国の事情に応じて形成されるべきであり、コーポレートガバナンスを優先して、日本企業の「強み」まで消してしまうことは本末転倒である。日本企業においては、欧米型のコーポレートガバナンスを意識しつつ、自社の戦略において日本企業としての「強み」として残すべき部分は残し、十分にその理由をExplain（説明）することで足りるのではないかと考える。

② ガバナンス向上のためのセルフチェック

これまでの議論をふまえ、以下ではコーポレートガバナンス向上のためのセルフチェックについて触れておきたい。第4章でも取り上げたが、当社においては、コーポレートガバナンスの取組みに関して、上場企業からコーポレートガバナンス・コードへの対応状況や方針の確認などさまざまな視点から、アンケート調査を実施した。また、近年では多くの企業をクライアント

として組織・業務改革に携わってきた。これらの情報を手がかりにして、以下では企業におけるコーポレートガバナンスの取組状況をセルフチェックするためのツールを提供する。

(1) セルフチェックの目的

セルフチェックの目的は、自社のコーポレートガバナンスの状況を客観的に把握することであり、今後の改善点を明確にするためのものである。なお、セルフチェックにおいてはコーポレートガバナンス・コードにおけるExplain（説明）項目への対応方針を再確認する意味でも有用であると考える。

(2) チェック項目

今回のセルフチェックの項目については、2015年11月に当社で実施した「コーポレートガバナンス・コード対応の課題と方針の実態調査」における質問項目のうち、主要なものを抽出したうえで、本書の趣旨に合致するように、一部修正を加えたものである。質問項目は全部で18問であり、大きくは下記の区分で構成されている。

質問№	区　　分
Q 1 ～ 4	一般的事項
Q 5 ～ 6	経営目標、経営戦略・中期経営計画
Q 7 ～14	取締役会等の機関設計
Q 15～18	取締役

以下、チェック項目を列挙する。

Q 1 ．コーポレートガバナンス・コードの開示状況についてお答えください
　1 ．すべてComply（実施）と開示した
　2 ．Explain（説明）の項目が一部あり、今後実施する予定あるいは検討中と開示した
　3 ．Explain（説明）の項目が一部あり、実施する予定はない（代替手段により目的達成が可能）と開示した

第 6 章　ガバナンス改革が抱える課題と解決の方向性　109

Q2. 対応、開示を進めるにあたり、社外の協力を得ましたか
1. 証券会社からアドバイスや具体的なサポートを受けた
2. 金融機関（銀行、一般の証券会社等）からアドバイスや具体的なサポートを受けた
3. 専門家（監査法人、公認会計士、弁護士等）からアドバイスや具体的なサポートを受けた
4. コンサルティング会社から具体的なサポートを受けた
5. 自社内だけで進めた

Q3. コーポレートガバナンス・コードの対応について、該当する項目を選択ください
1. Comply（実施）とExplain（説明）との線引きがむずかしかった
2. Comply（実施）としている項目についても、今後よりいっそうの改善・強化が必要と感じた
3. 中長期的な企業価値向上のために何が必要であるかを再検討するよい契機となった
4. 自社のコーポレートガバナンスのあり方を再検討するよい契機となった
5. 実際に取組みの追加や見直しを行うことで、ガバナンス強化につながる成果があった
6. すべてComply（実施）と開示することありきで、表層的な対応にとどまった
7. 同業他社の開示状況を気にするなど横並び意識が強くあった
8. 担当部署と他部門との温度差があり、全社的な理解と協力があまり得られなかった

Q4. 持続的成長や企業価値向上のためにコーポレートガバナンスの観点から取り組むべき項目を選択ください
1. 女性の活躍促進を含む社内の多様性の確保
2. 株主に対するコミットメントを意識した経営戦略や経営計画の策定・公表
3. 経営陣の報酬における健全なインセンティブづけ（中長期的な業績連動報酬、自社株報酬等）
4. 経営陣幹部・取締役・監査役候補の指名の方針と手続
5. 指名・報酬等の検討を行う任意の諮問委員会等の設置
6. 独立社外取締役の2名以上の選任、有効な活用
7. 取締役会における審議の活性化、取締役会の実効性に関する分析・評価
8. 最高経営責任者等の後継者の育成
9. 取締役・監査役の情報入手と支援体制、トレーニング

Q5. 経営目標の水準として、経済産業省の「伊藤レポート」では、ROE8％が日本企業の目指すべき水準として示されていますが、見解をご回答ください

1. ROEを重要な経営指標として認識し、8％を達成すべき目標と考えている
2. ROEを重要な経営指標として認識しているが、水準は個別に検討すべきである
3. ROEを重要な経営指標として認識しているが、具体的な水準は設定しない
4. 対外的にはROEを経営指標とするが、社内は別の指標で管理する
5. ROEは自社の経営指標としてはなじみにくく、別の経営指標を利用する

Q6. 中期経営計画の株主に対するコミットメントを高めるうえで、重要と認識している項目を選択ください

1. トップマネジメント中心のトップダウンでの中期経営計画の策定・推進
2. 現場の意見を吸い上げるボトムアップでの中期経営計画の策定・推進
3. 経営企画部門等の担当部署に十分なスタッフ機能を整備すること
4. ROEは配当性向等、株主の関心が高い指標について目標設定を行うこと
5. 目標数値の根拠や実現するための施策について十分な説明責任を果たすこと
6. 中期経営計画の内容が、社内に十分に共有・理解されていること
7. 中期経営計画の進捗状況を、取締役会等で定期的にチェックしていること
8. 計画の達成状況を取締役や経営幹部の評価、報酬決定に反映させること
9. 株主にとってわかりやすい説明を行うこと

Q7. 会社法が規定する機関設計のうち、現在どれを選択していますか

1. 監査役会設置会社
2. 指名委員会等設置会社
3. 監査等委員会設置会社

Q8. Q7で「1. 監査役会設置会社」を選択した方において、会社機関の見直しを検討されていますか

1. 指名委員会等設置会社への移行を検討している
2. 監査等委員会設置会社への移行を検討している
3. 任意の諮問委員会設置を検討している

4．特に検討していない

Q9．Q8で「2．監査等委員会設置会社への移行を検討している」を選択した方において、移行を検討している理由は何でしょうか
1．独立社外取締役2名以上の選任に対応するため
2．監査役という日本独自の制度を廃止し、株主・投資家の理解を得るため
3．経営の監督機能を強化するため
4．指名委員会等設置会社よりも敷居が低く、自由度が高いため
5．その他

Q10．取締役会の役割・責務としてあげられている以下の3点において、現状どの程度役割・責務を果たしていると思われますか

	十分果たしている	ある程度果たしている	あまり果たしていない	ほとんど果たしていない
1．企業戦略等の大きな方向性を示すこと				
2．経営幹部による適切なリスクテイクを支える環境整備を行うこと				
3．独立した客観的な立場から、業務執行取締役や経営幹部に対して実行性の高い監督を行うこと				

Q11．取締役や経営幹部の選任・解任や報酬決定について、現在はどのような手続で行われていますか
1．指名委員会等設置会社であるため、委員会で議論のうえ決定している
2．指名委員会等設置会社ではないが、任意の諮問委員会で議論のうえ決定している
3．一定のルールや評価に基づき、取締役会等で議論のうえ決定している
4．明確なルールや評価はなく、社長一任で決定している

Q12. 取締役会が、独立した客観的な立場から、取締役・経営幹部に対する実効性の高い監督を行ううえで重要なポイントは何でしょうか

1. 業績等の評価をふまえた経営幹部の選任や解任を行うこと
2. 業務執行にかかわらない取締役の活用等で経営の監督と執行の分離を促すこと
3. 監査役および監査役会が、取締役会において適切な意見を述べること
4. 内部統制や内部通報、各種リスク管理体制を整備し、有効に機能させること

Q13. 貴社では、「経営の監督と執行の分離」がどの程度進んでいますか

1. ほぼ完全に分離している
2. どちらかといえば分離されている
3. どちらかといえば分離されていない
4. ほとんど分離されていない

Q14. 「経営の監督と執行の分離」を進めるうえで、有効な手段であると思われるポイントは何でしょうか

1. 持株会社制度や分社化等、法人格として分離すること
2. 指名委員会等設置会社へ移行すること
3. 指名・報酬委員会機能や、経営全般の助言機能を有する任意の諮問委員会を設置すること
4. 業務執行に携わらない取締役や独立社外取締役を増やすこと
5. 執行役員制度等を導入し、執行機能を権限委譲すること
6. 実態として「経営の監督と執行の分離」を進めることは困難である
7. 「経営の監督と執行の分離」を積極的に進める必要はない

Q15. 独立社外取締役は現在何人選任されていますか

1. 選任していない
2. 1名
3. 2名
4. 3名以上

Q16. 独立社外取締役の人数について、どのような考えをおもちですか

1. コーポレートガバナンス・コードで最低限求められる2名を維持できればよい
2. 3名以上を選任し、取締役会の1／3以上が独立社外取締役となるようにしたい
3. 取締役数を6名以下に減らすことで、2名でも取締役の1／3以上が独

第6章　ガバナンス改革が抱える課題と解決の方向性　113

立社外取締役になるようにしたい
4. すでに取締役会の1／3以上が独立社外取締役となっており、現水準を維持していきたい
5. 積極的に増やし、取締役の過半数を独立社外取締役が占めるようにしたい

Q17. 独立社外取締役に期待することは何ですか
1. 経営方針や経営改善策に関する助言を行うこと
2. 自らの人脈や知見を活かして、会社の持続的な成長に寄与すること
3. 経営幹部の選任・解任、その他の取締役会の重要な意思決定を通じ、経営の監督を行うこと
4. 会社と経営幹部・支配株主等との間の利益相反を監督すること
5. 経営幹部・支配株主から独立した立場で、ステークホルダーの意見を取締役会に適切に反映させること
6. 著名人を選任することで、会社の知名度や信頼度の向上に寄与すること
7. 特に期待していない

Q18. 最高経営責任者等の後継者の計画について、どのような課題をおもちですか
1. 後継者候補となりうる人材が社内に見当たらない
2. 後継者候補が経営者としての資質・能力に不足している
3. 後継者候補の選抜や育成、最終的な指名のプロセスが整備されていない
4. 最高経営責任者だけでなく、さまざまな分野・階層で後継者不足で悩んでいる
5. 特に課題を感じていない

（資料）　日本総合研究所作成

(3)　自己評価について

　以下では、チェック項目にしたがって、それぞれの大まかな傾向について整理・解説する。これらの整理・解説と、回答を比較することにより、自社のコーポレートガバナンスの整備状況についての課題を認識し、今後の取組みに役立てていただきたい。

①　一般的事項（Q1～4）
ここではコーポレートガバナンス・コードへの対応状況や課題意識についての項目が主体となっている。

Q1においては、コーポレートガバナンス・コードにおける開示状況を問うものである。アンケート実施時点では、コーポレートガバナンス・コード開示初年度のためFull Complyした企業よりも、なんらかのかたちでExplain項目が存在した企業が多数を占めている。また、Explain項目についての今後の対応についてはComplyさせていく旨の回答が多かったが、企業の経営方針によりComplyせず、その理由や代替手段を明確にするという企業も少なからず存在する。

　Q2は対応や開示を進めるにあたっての体制についてである。コーポレートガバナンス・コード対応については、会社法などの法的なものと経営計画や目標設定などの経営戦略に関連するものがある。そのため、対応においては各社の状況において証券会社や金融機関、および専門家を使い分けるというかたちが一般的である。ただし、アンケート時点での回答はあくまでも初年度時点のものであり、他社事例の収集も含めて、比較的多くの外部リソースが活用された時期であったと思われ、今後は開示対応については自社内でノウハウを蓄積していくものと思われる。

　Q3は、実際にコーポレートガバナンス・コード対応に関する企業の所感を確認したものである。ここでは、コーポレートガバナンスのあり方を見直す機会ととらえるとともに、さらなる改善項目があるとの認識を多くの企業がもっていることがうかがえる。

　従来、コーポレートガバナンスのあり方については、多くの企業が受身の体制であったが、今回のコーポレートガバナンス・コードへの対応は、単なる制度対応を超えて、企業経営のあり方にまで踏み込む姿勢をみせる企業が増えていることも注目すべきである。

　Q4においては、コーポレートガバナンス強化の潮流のなかで、企業の取り組むべき項目を確認した。近年、企業価値向上を目指して、さまざまな取組みが存在するが、企業経営において事業の多角化、グローバル化と、それに伴うM&Aなどの大型の投資という意味では迅速な意思決定が求められる。一方で、これらの推進に対しては、健全な牽制も必要となる。その意味では、取締役会はその位置づけも含めて今後さらに重要になっていくという

意識が、各企業に存在することがみてとれる。

② **経営目標、経営戦略・中期経営計画（Q 5 ～ 6 ）**

　コーポレートガバナンスを整備する目的は、株主をはじめとするステークホルダーに対して、継続して企業価値を向上させるための企業の姿勢を示すことでもある。その意味で、経営目標の設定と明示、およびそれを具体的に実現するための道筋を示す経営戦略や中期経営計画は重要であるといえる。

　そのなかで、Q 5 は経営目標についての設問である。近年の政策において、日本企業の「稼ぐ力」を高めるため、企業がどのような経営目標をもつべきかについて確認したものである。経営目標の設定についてはさまざまな議論がなされてきたが、企業サイドとしては、一律の目標を設定するのではなく、経営環境や戦略に応じた目標を設定し、ステークホルダーに適切な開示をすることが適切であるという認識をもっていると思われる。

　また、Q 6 ではこれらの戦略や計画、および経営目標に対するコミットメントを高めるうえでの要素について確認した。社内外での認識共有、説明責任の徹底などが重要であることは多くの企業での共通認識であることがうかがえる。

③ **取締役会等の機関設計（Q 7 ～14）**

　近年のコーポレートガバナンス改革は、会社法の改正を起点にしており、その意味では法で定義される取締役および取締役会が、改革の重要な取組項目となっている。

　そのなかで、Q 7 ～ 9 では、現在の会社機関と、今後の取組方針についてたずねている。アンケート実施段階では、監査役会設置会社、いわゆる取締役会と監査役会で、執行と監督を分担する機関設計を選択する企業が多くを占めるが、近年の傾向として、指名委員会等設置会社、もしくは監査等委員会設置会社への移行を検討する企業が増えている。なお、大手企業については、指名委員会等設置会社を選択する一方、中堅企業においては監査等委員会設置会社を選択するという傾向がみられる。これは監査等委員会設置会社のほうが指名委員会等設置会社と比較して、運用に柔軟性があり、経営資源に制約のある中堅企業には都合がよいという事情がある。そのなかでも、独

116

立社外取締役の確保については、ネットワークが限られる中堅企業において大きな制約があるからだといえよう。

Q10〜14においては、取締役会の役割と責務、およびその実効性について確認したものである。

近年の取締役会に関する議論においては、いわゆる「経営の執行と監督の分離」をすべきというスタンスがより明確に打ち出されている。しかしながら、日本企業においては、取締役会は執行の役割を依然として有しており、現在は過渡期であるのが現状である。監査等委員会設置会社への移行や、任意の諮問委員会の設置などは、その典型的な動きであると思われる。

さらに、ガバナンス改革に連動する日本企業独特の動きとしては、持株会社制度への移行や、執行役員制度の導入などがあげられる。法人の分社化による物理的なかたちでの権限の分離、執行役員制度によるさらなる権限委譲と、内部昇格による取締役の数的な制限などで、取締役会を監督機能としての位置づけにシフトする姿勢がより見受けられるのである。

④ **取締役（Q15〜18）**

Q15〜17において、取締役についてどのようにあるべきか、その方向性を確認している。近年のガバナンス改革においては、取締役会を「監督」の機関としてとらえている。そのため、取締役会のメンバーとしての独立社外取締役は、その重要性を増している。

一方で、取締役会において、現状では十分に「経営の執行と監督の分離」が進んでいない状況であるため、独立社外取締役の位置づけは、人材の確保の困難さという現状もあり、コーポレートガバナンス・コードで求められる2名程度をターゲットとした、確保の動きが主流である。

なお、一方で経営責任および執行責任を担う経営幹部をどのように選抜し、育成するかということについては、最後にQ18でたずねているが、登用の基準、中長期の育成という観点では、これから整備を進めるという企業が増加すると思われる。整備の背景としては、特に指名・報酬の決定に関しては、指名委員会等設置会社や監査等委員会設置会社だけではなく、監査役設置会社においても委員会やアドバイザリー・ボードなどを設置して、その

プロセスを明確化する動きが強まっており、この流れと並行して、対象となる経営幹部の選抜基準や育成システムが整備されていくと期待される。

　以上、過去において実施したアンケートの質問項目をベースにして、ガバナンス対応におけるセルフチェックリストと、質問項目に関連する近年の動きを整理した。

　企業は、設立の背景から成長要因まで、それぞれに個性を有しており、ガバナンスもその過程において整備されてきたと思われる。それゆえに、一概にガバナンスの優劣を、当該セルフチェックだけで判断ですることはむずかしいと思われるが、近年の取組みを比較しながら、自社における課題抽出と対応方針の明確化に活用していただきたい。

3 コーポレートガバナンス向上のために

(1) ガバナンス見直しの背景

　繰り返しになるが、企業はさまざまなステークホルダーとの間で、自社の目指すべき方向を示し、実現するための規範を示す必要がある。この規範こそがコーポレートガバナンスであるが、先述のとおり、これまでは日本企業のコーポレートガバナンスは、長期的かつ互恵的な観点で形成されていた。

　しかしながら、バブル期以降、日本経済が踊り場に直面することで、多くの日本企業は事業の多角化やグローバル化に直面した。また、機関投資家や投資ファンドなど、一定の期間のなかで明確な企業価値向上の達成を求める株主と対峙することとなった。これらの環境の変化から、日本のコーポレートガバナンスは近年、大きく変わりつつあり、それが会社法の改正やコーポレートガバナンス・コードの導入などにつながっているのである。

　一方、近年の日本におけるコーポレートガバナンス改革の流れは、欧米、特にアメリカのコーポレートガバナンスの影響を強く受けている。

図表6－2　コーポレートガバナンスの変化

従来のコーポレートガバナンス	これからのコーポレートガバナンス
・単一事業、国内中心 ・金融機関のさまざまな関与 ・長期の取引関係の維持 ・終身雇用	・多角化、グローバル化 ・投資家のアクセス拡大 ・一定期間における経済効率重視 ・雇用の流動化

ステークホルダーとの長期的かつ互恵的関係を前提にした、事業の執行体制や規範を形成	より目にみえるかたちでステークホルダーが企業価値拡大や企業の成長を追求するための規範へ

（資料）　日本総合研究所作成

　たしかに、企業活動のグローバル化に伴い、日本企業も大きな構造変化を遂げると思われるが、一方で日本企業としての強みを維持するために、従来の長期的かつ互恵的な経営システムをすべて捨て去る必要がないことは、先述のとおりであり、これらの調和をいかに図るかが重要である。その意味では、ガバナンス向上のためには、制度面や運用面の双方において、これからもさらなる見直しが続くと思われる。

(2)　制度設計上の課題

　すでに触れてはいるが、コーポレートガバナンスの各種制度について、日本ではハード・ローとソフト・ローで構成されている。
　具体的には、企業における意思決定や牽制を行うべき会社機関や取締役・監査役などの規程などについては、ハード・ローである会社法で規定しているが、会社法は非上場も含めたすべての株式会社に適用されるため、コーポレートガバナンスの議論になる一定以上の企業について、会社法特例法（大会社に関する規定）や金融商品取引法などで補完するという構造をとっている（図表6－3）。
　さらに、コーポレートガバナンスを進めるための具体的なルールについて

図表6－3　コーポレートガバナンスの法的構造

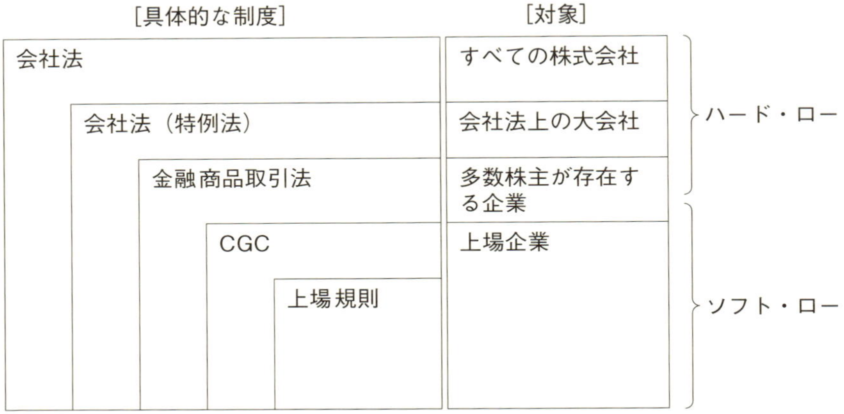

［具体的な制度］				［対象］	
会社法				すべての株式会社	ハード・ロー
	会社法（特例法）			会社法上の大会社	
		金融商品取引法		多数株主が存在する企業	
			CGC	上場企業	ソフト・ロー
			上場規則		

（資料）　日本総合研究所作成

は、ソフト・ローであるコーポレートガバナンス・コードや上場規則で規定している。これは運営の実態に応じて柔軟に設定できるという利点がある。

　実際、現段階においてもコーポレートガバナンスを有効に作用させるためには、さまざまな課題があり、これらを機動的に変えていくうえでは、ハード・ローとソフト・ローを組み合わせて運用することが現実的である。その意味では、この体系のなかで、日本企業に適したコーポレートガバナンスのあり方について、より踏み込んだ議論を通じて機動的な修正を行うことが求められる。

　制度設計上の今後の具体的な課題（図表6－4）としては、会社法における、取締役会をはじめとする会社機関、および取締役等の位置づけや役割が複線化しており、このため複雑な運用を企業が強いられるという側面がある。また、近年は持株会社に代表される子会社、関連会社と一体での経営体制など、企業結合におけるガバナンスについては、ハード・ローは整備途上にある。

　また、ソフト・ローにおいては、これらハード・ローと企業経営の実務を埋める位置づけにあるが、近年多くの企業での導入が進む、監査等委員会などの諮問機関のあり方、独立社外取締役の要件など、日本企業の特性や、経

図表6－4　制度設計上の課題（一例）

区　分	課題項目	具体的内容
ハード・ロー	会社機関	監査等委員会設置会社、指名委員会等設置会社等、複数の類似した会社機関位置づけの明確化
		子会社・関連会社も含めた、企業集団としての会社機関のあり方
	取締役等	取締役、執行役、監査役、会計参与など、役割の明確化と再定義
		代表権の権限と責任などについて必要性も含めて再定義
ソフト・ロー	対象会社	すべての上場会社に適用すべきか
	会社機関	監査（等）委員会における監査対象の範囲および方法のあり方
	社外取締役	実情にあわせた緩和も含めた独立性要件の明確化
		社外取締役の兼務制限など職務遂行の充実

（資料）　日本総合研究所作成

営環境に応じた実質的な修正が今後なされると想定される。

　なお、これらの制度設計に関しては、会社法の改正にとどまらず、各種の法令、さらには会計制度などにも相互に影響を及ぼす。また、近年の制度設計の背景には政策という観点が存在することも見逃せない。

　このような認識のもと、今後のコーポレートガバナンスの制度については官・民・学の連携と議論のもとで、実態に見合った設計をすることが相当と思料される。

(3)　コーポレートガバナンスの運用課題

　コーポレートガバナンスの基本的な枠組みは、ハード・ローとソフト・ローの両面から制度として規定されている。また、これらの制度設計についての日本における特色と課題については、先述のとおりである。

　日本におけるコーポレートガバナンス改革については、近年、本格的に進

第6章　ガバナンス改革が抱える課題と解決の方向性　121

み始めたこともあり、これからも見直しがなされていくと予想されるが、一方で制度そのものの見直しや改訂については、ハード・ロー、ソフト・ローの違いはあっても、一定のプロセスを踏む必要があり、それゆえに時間を要すると思われる。

　また、コーポレートガバナンスにかかわる制度は、そのものについては最大公約数的に設計されるのが一般的であるため、企業において制度を適用する際には、制度設計の趣旨に基づき、適切な運用を図る必要がある[11]。

　これらを考えると、企業においてコーポレートガバナンスに関する制度の理解を深め、企業活動に適切に反映させるために、どのような運用を図るかということは重要な経営課題といえるが、コーポレートガバナンスが示す範囲は広範囲であることも事実であり、どこから議論を始めて、適切な運用を図るかということをまず考える必要がある。

　この検討にあたっては、コーポレートガバナンス・コードの構成に着目したい。同コードは図表6－5のとおり、5つの基本原則を30の原則で整理しているという体系であるが、下部構造にある原則数は基本原則ごとに相当のバラつきが存在する。最も原則数が多いのは基本原則4であり、14の項目にわたって「取締役会等の責務」を規定している。

　基本原則4の14項目は図表6－6のとおりであるが、会社の意思決定と業

図表6－5　コーポレートガバナンス・コードの構成

第1章　株主の権利・平等性の確保（基本原則1）　7項目
第2章　株主以外のステークホルダーとの適切な協働（基本原則2）　5項目
第3章　適切な情報開示と透明性の確保（基本原則3）　2項目
第4章　取締役会等の責務（基本原則4）　14項目
第5章　株主との対話（基本原則5）　2項目

（資料）　日本総合研究所作成

11　もちろん企業戦略の遂行において、その実態が制度に一部が適合しない場合も存在する。その場合、画一的な適用による企業価値の毀損を防ぐため、説明責任を果たす、いわゆる「コンプライ・オア・エクスプレイン」の「エクスプレイン」を果たすことで対応することが可能である。

図表6－6　取締役会等の責務（基本原則4）の構成

原則4－1　取締役会の役割・責務(1)
原則4－2　取締役会の役割・責務(2)
原則4－3　取締役会の役割・責務(3)
原則4－4　監査役および監査役会の役割・責務
原則4－5　取締役・監査役等の受託者責任
原則4－6　経営の監督と執行
原則4－7　独立社外取締役の役割・責務
原則4－8　独立社外取締役の有効な活用
原則4－9　独立社外取締役の独立性判断基準および資質
原則4－10　任意の仕組みの活用
原則4－11　取締役会・監査役会の実効性確保のための前提条件
原則4－12　取締役会における審議の活性化
原則4－13　情報入手と支援体制
原則4－14　取締役・監査役のトレーニング

（資料）　日本総合研究所作成

務執行、監督を担う取締役会等について幅広く整理している。

　全体の構成を俯瞰すると、前半部分（原則4－1～4）でガバナンスの核である取締役会および監査役・監査役会の役割と責務を整理しており、中段部分（原則4－7～9）で、監督機能を有効に作用させるために重要な役割を占める独立社外取締役について規定している。また、そのほかの部分で、取締役会等が有効に作用するための各種の条件について、さまざまな指針を示している。

　これをみても、コーポレートガバナンスを有効に作用させて、企業価値を継続的に向上させるためには、意思決定と監督を担う会社機関である取締役会および取締役がいかに重要であるかが理解できる。そして、上場企業にとってコーポレートガバナンス・コードは対処すべきソフト・ローであるため、これら取締役および取締役会のあるべき姿に自社をどのように適応させていくべきかという課題に上場企業は直面するのである。

　これらを受けて、本書の第7章および第8章においては、取締役および取締役会のあり方について、企業において関心が高いと思われるテーマを中心

第6章　ガバナンス改革が抱える課題と解決の方向性　123

に解説を加える。

図表6－7は、コーポレートガバナンス・コードと本書の対照を示したものである。

構成と分量の都合からすべてを網羅したものではないが、本書においては、前段の第7章においては取締役について、後段の第8章においては取締役会について整理している。

本書において、コーポレートガバナンス・コードと順番を入れ替えた理由については、会社の機関としての取締役会が重要であることは認識しつつも、その取締役会を担う立場の取締役のあり方が、より重要と考えたからである。

図表6－7　本書（第7～8章）の構成

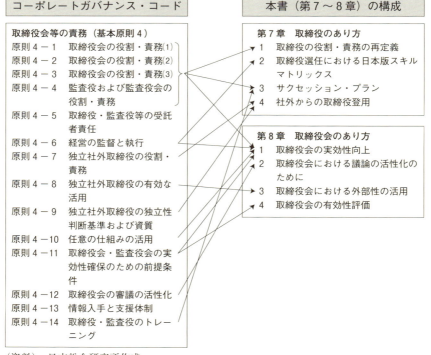

（資料）　日本総合研究所作成

特に、日本においては、取締役、さらには社長を中心とするトップマネジメントの選任については内部昇格かつ黙示的によるプロセスが一般的であったが、経営環境の変化や、コーポレートガバナンス改革の要請を受け、対応していくことが予想される。つまり、選定基準やプロセス、さらにはトップマネジメント育成までが、外部に明示できるものに移行するものと思われる。

　また、昨今のコーポレートガバナンスの改革において、重要な位置づけとされているのが社外取締役である。デュー・プロセスの観点と、実質的な内容に踏み込んだ助言など、どこまでを社外取締役に求めるか、それに基づいてどのような社外取締役を招聘するかは、企業において今後慎重に議論されるべきものであろう。第7章においてはこれらのテーマを中心に分析と考察、提言を行っている。

　そして、これらのプロセスを経て選抜された取締役によって、どのように取締役会が運営されるべきかを第8章で整理している。本書では、制度的な解説は最低限にとどめ、有効性をどのように高めるのか、取締役会の議論をどのように活性化するか、そして取締役会の運営において、社外性をどのように活用するか、さらには中長期的に一定のレベルを図るために取締役会の運営状況をどのように評価するかなどをテーマとして取り上げた。

　繰り返しになるが、取締役と取締役会は、コーポレートガバナンスの中核テーマであるとともに、企業の取組みにおいて、最も深く議論を行うべきテーマであるといえる。

第 7 章

取締役のあり方

2015年6月に施行されたコーポレートガバナンス・コードは取締役会等をコーポレートガバナンス強化等の主要な担い手と位置づけており、取締役会等の実効性確保が焦点となる。そのため、素養のある取締役等の選任は取締役会等の実効性確保の基盤であるが、選任理由の透明性、および新しい取締役人材発掘機会の確保によって実現される。以下では、①コーポレートガバナンス・コード適用で生じている取締役等選任の課題を整理し、②素養のある取締役等選任の重要なツールとなるスキルマトリックスの海外適用事例を紹介したうえで、③日本の歴史・文化を反映した日本版スキルマトリックスを提案する。

1　取締役の役割・責務の再定義

(1)　取締役の役割

　日本の企業において、個々の取締役の役割というのはこれまであまり明確にされてこなかった。その理由の一つは、法令やコーポレートガバナンス・コードといった一般規範が、取締役個々というよりは「取締役会」という合議体としての意思決定主体を主軸に設定されていることにあると考えられる。

　たとえば、会社法においては第4節で取締役に関する各種条文が規定されている。その冒頭、348条1項では「取締役は、定款に定めがある場合を除き、株式会社（取締役会設置会社を除く。以下この条において同じ。）の業務を執行する」とされており、同条2項では「取締役が二人以上ある場合には、株式会社の業務は、定款に別段の定めがある場合を除き、取締役の過半数を

もって決定する」とされている。

　これらをみると取締役単独の役割というよりは、取締役1名の場合を例外として、合議体としての「取締役会」を想定してその役割が規定されているようにもとれる。そしてこれ以外に取締役個人としての職務内容について具体的な規定はみられない（あえてあげれば、358条（忠実義務）、357条（取締役の報告義務）などはその役割・責務の一部を規定している）。

　また、コーポレートガバナンス・コードでは第4章「取締役会等の責務」が本節のテーマとの関連が深いと思われるが、この内容をみると主要な原則の多くはその主語が「取締役会は、～」となっており、取締役個々の役割を明確に示した原則はみられない。

　ただし、独立社外取締役については原則4－7においてその役割について具体的に示されている。

【原則4－7　独立社外取締役の役割・責務】

　上場会社は、独立社外取締役には、特に以下の役割・責務を果たすことが期待されることに留意しつつ、その有効な活用を図るべきである。
(i)　経営の方針や経営改善について、自らの知見に基づき、会社の持続的な成長を促し中長期的な企業価値の向上を図る、との観点からの助言を行うこと
(ii)　経営陣幹部の選解任その他の取締役会の重要な意思決定を通じ、経営の監督を行うこと
(iii)　会社と経営陣・支配株主等との間の利益相反を監督すること
(iv)　経営陣・支配株主から独立した立場で、少数株主をはじめとするステークホルダーの意見を取締役会に反映させること

(資料)　「コーポレートガバナンス・コード」（東京証券取引所）（http://www.jpx.co.jp/equities/listing/cg/tvdivq0000008jdy-att/code.pdf）

　これは、独立社外取締役の導入が十分に進んでおらず、かつその導入を促すことがガバナンス改革の要として重視されていたことから、その役割につ

いてより強調し認識を広める必要があったためと思われる。

　これらの状況からわかるように、そもそも取締役個々の役割は何かということに関する定義自体が明確には存在しないというのが現状である。

　一方で、取締役会については会社法やコーポレートガバナンス・コードなどでその果たすべき役割が明確に示されているが、会社法における規定は以下のとおりである。

第362条

　2　取締役会は、次に掲げる職務を行う。

　一　取締役会設置会社の業務執行の決定

　二　取締役の職務の執行の監督

　三　代表取締役の選定及び解職

　二つ目の「取締役の職務の執行の監督」と三つ目の「代表取締役の選定及び解職」は広義に「監督機能」として括るとすれば、取締役会の基本的な機能は以下の二つということになる。

　①　意思決定機能

　②　監督機能

　一般的な理解として、取締役会の構成員たる取締役にはこれら二つの役割をそれぞれ果たすことが求められると考えるのが自然であろう。もちろん会社ごとに取締役会の位置づけや上記二つの機能のバランスは異なり、取締役会を構成するメンバーもさまざまである。それらを前提として、取締役会総体としての役割を果たすために個々の取締役がどのような役割を担うかということも会社ごとに違いがあるはずである。取締役会の役割からさらに一歩踏み込んで、取締役個々の果たすべき役割をどのように定義するかということが本節の主題である。

(2)　役割認識の実態とその背景

　それでは、実態として取締役の役割とはどのようにとらえられているかと

いえば、特に日本企業では「業務執行の長」としての認識が永らく一般的であったし、現在でもその傾向が強い。さらに、前項であげた二つの役割があることを認識したうえで「意思決定機能に重きを置いている」ということではなく、どちらかといえば、「監督機能が意識されていない」というほうが正確な理解であろう。その背景には次にあげるような要因があると考えられる。

◆社内昇格者が取締役の大半を占める

日本の企業における取締役はその多くが社内昇格者で占められており、取締役に就任することが昇進・昇格のゴールと認識されているというのが実態である。必然的に、取締役の役割というのはそれまでの業務執行者としての役割の延長上にあるものととらえられやすい。もちろん取締役会からの委任を受けて一定の所管領域の業務執行を担うということ自体は自然なことなのであるが、問題は取締役になったことによる役割の変化などが認識されにくいことにある。取締役となっても特定部門の長などを兼務する例も多く、極端なことをいえば、課長から部長に昇進することと、部長から取締役に就任することとの違いが明確に意識されていないようなケースもあると思われる。これは取締役本人の意識の問題というよりは、そもそも指名する側が取締役の役割を明確に定義し、それを候補者に伝えられているかという問題のほうが先にあると思われる。

◆監査役制度の存在

監査役というのは日本企業に広く普及している制度であるが、たとえばアメリカなどではこうした制度は存在しない。そのため、日本のガバナンス体系が海外の機関投資家等に理解されにくい点の一つと指摘されている。また、この制度も取締役の役割としての監督機能が意識されにくい一つの要因になっていると考えられる。

監査役の役割は取締役の職務の執行を監査することであり、業務監査と会計監査とがある。業務監査は取締役の職務の執行が法令・定款を遵守して行われているかどうかを監査することで、一般に適法性監査と呼ばれている。取締役からは独立した立場で取締役を監督する機能であり、「守りのガバナ

第7章　取締役のあり方　131

ンス」の要となっているといえる。

　ただし、監査役の存在が取締役の監督機能を代替するものととらえるのは誤解である。たとえば、取締役会における「監督」の核となる指名・報酬の決定は取締役会の権限であり、監査役はその決議において議決権をもつわけではない。また、上で述べたとおり監査役の役割は適法性監査であり取締役の職務執行の妥当性までは通常踏み込まない。

　このように監査役は監査を通じて取締役への監督機能を担うが、取締役も取締役会のメンバーとして業務執行を監督する機能の遂行が求められるのである。しかしながら、監査役が存在するため、取締役としての監督機能が意識されにくくなっている可能性がある。

◆任意の肩書が混在する役員人事体系

　一般的に企業において「役員」という表現が多く用いられるが、この「役員」とはどこまでを指すのかというのはむずかしい問題である。たとえば会社法でいう「役員等」は、取締役・監査役・会計参与・会計監査人・執行役を指しており明確なのであるが、一般的な認識における「役員」はこの範囲にとどまらない。たとえば、会長・社長・専務・常務といった肩書は法律で規定されたものではないが広く用いられており、これらの肩書をもつ者は役員と認識されるのが通常である。また、任意の執行役員制度の導入も進んでおり、これも役員の範囲に含まれるのが一般的である。

　これら任意の肩書と法定の取締役とは明らかにその意味が異なるのであるが、これらが混在しながら会社独自の役員人事体系が構築されている状況では、それぞれの役割定義が不明確になりがちである。

　この点はコラム「『役員』に関する肩書」において触れているが、取締役の役割を再定義するといったときに、それに付随して会社独自の役位や執行役員といった任意の役職についてもあわせてその定義を明確にする必要が出てくると考えられる。

(3)　取締役の役割・責務を再定義すべき理由

　これまで述べてきたように、日本企業において取締役個々の役割というの

は必ずしも明確でなく、「監督機能」が意識されにくいという状況である。会社としても役割を明確に定義する必要性を特に感じてこなかったことや、あえて明確にしないことで役員人事に柔軟性をもたせるといったこともあったのかもしれない。しかし昨今のコーポレートガバナンス改革の潮流のなかで、こうした状況を放置するわけにもいかなくなってきている。

　ここではその背景として、取締役会および取締役を取り巻くいくつかの環境変化をあげる。

◆取締役会のあり方に対する要請の変化／具体化

　日本企業の取締役会には、「意思決定機能」と「監督機能」の2面が求められるが、これまでは比較的「意思決定機能」に重きが置かれてきたとの指摘は多い。これに対して、古くから社外取締役導入の是非など監督機能の強化についての議論も一部ではなされてきたが、それに向けた制度・ルールといった決定打がなく、具体的な動きにつながってこなかったというのが実情である。

　ところが昨今その流れを大きく変える、企業にとっては外的圧力ともいえるような動きが相次いで起きている。その一つは、コーポレートガバナンス・コードである。「コンプライ（実施）・オア・エクスプレイン（説明）」を原則とする一つの規範ではあるものの、現状では多くの企業がそのほとんどにコンプライ（実施）としており、半ば強制的なルールに近いとらえ方をされているのが実情であろう（図表7－1）。

　そのなかでは、取締役会の監督機能強化が重要なテーマとされ、複数名の社外取締役の導入、任意の指名・報酬委員会の設置などの具体的なモデルが示されたことが大きなインパクトを与えている。

　また、コードの適用と同時期に会社法の改正も行われている。そのポイントの一つは、社外取締役を置かない場合の理由の開示である。2015年5月施行の改正会社法327条の2において、「（前略）社外取締役を置いていない場合には、取締役は、当該事業年度に関する定時株主総会において、社外取締役を置くことが相当でない理由を説明しなければならない」と規定された。これにより、もはや社外取締役を置かないことのほうが例外的であるという

第7章　取締役のあり方　133

図表7-1　市場区分別コーポレートガバナンス・コード実施状況

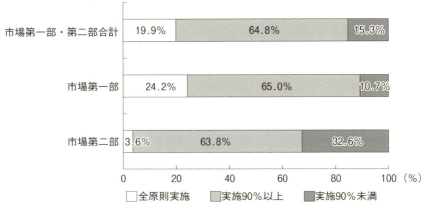

(資料)「コーポレートガバナンス・コードへの対応状況(2016年12月末時点)」(東京証券取引所)(http://www.jpx.co.jp/news/1020/20170116-01.html)をもとに日本総合研究所作成

扱いが明確となった。また、同改正において会社機関の類型として新たに「監査等委員会設置会社」が創設された。

　これらは必ずしも企業に変革を強制するものではないが、少なくとも取締役会のあるべき姿が一般規範として一段具体化されたことは事実である。そしてこれらに応じて取締役会の役割をより具体化したり見直したりする際には、個々の取締役が果たすべき役割もそれにあわせて再度定義する必要が生じるのである。

◆取締役会の多様性の進化

　従来、多くの日本企業の取締役会は従業員からの昇格者によりそのほとんどが占められてきた。単一の企業文化のなかで育成され、従業員時代の上司・部下という関係が存在するメンバーで構成される取締役会は、監督機能や客観性・透明性という点において必ずしも適切とはいえない面がある。しかし、近年のガバナンス改革の潮流のなかでそれも大きく変わりつつある。

　コーポレートガバナンス・コードの原則4-11では次のような規定を置き、取締役会に多様性の確保を求めている。

> **【原則4-11 取締役会・監査役会の実効性確保のための前提条件】**
> 取締役会は、その役割・責務を実効的に果たすための知識・経験・能力を全体としてバランス良く備え、多様性と適正規模を両立させる形で構成されるべきである。(後略)

(資料) 「コーポレートガバナンス・コード」(東京証券取引所) (http://www.jpx.co.jp/equities/listing/cg/tvdivq0000008jdy-att/code.pdf)

　また、コードの原則4-8において、独立社外取締役を2名以上選任すべき、と規定されたことも多様性の確保に向けた原動力となっている。これらを受け、特に上場企業を中心として社外取締役の導入が大きく進んでいる(図表7-2)。

　また、多様性という意味では女性取締役の増加も見逃せない動きである。コードの適用開始を受け社外取締役の確保に動いた企業は多いが、そのなか

図表7-2　社外取締役選任人数別　企業比率（東証一部）

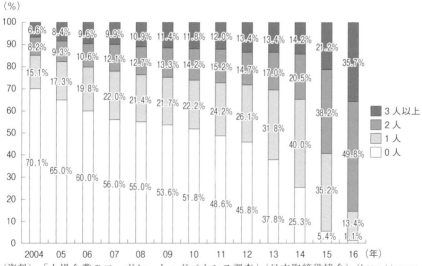

(資料) 「上場企業のコーポレート・ガバナンス調査」(日本取締役協会) (http://www.jacd.jp/news/odid/cgreport.pdf) をもとに日本総合研究所作成

| コラム | 「役員」に関する肩書 |

　日本企業において「役員」という言葉が指す範囲は広く、かつあいまいである。取締役はもちろんのこと、会長・社長・専務・常務といった役位、任意の執行役員制度を導入している会社では執行役員、さらにCEOやCFOといった執行領域を定めた肩書も存在する。会社独自の呼称や任意の制度も含めて役員人事体系を構成している例が多いが、たとえば「代表取締役（兼）社長（兼）CEO」といった複雑な肩書になる場合には、それぞれがどのような役割を指しているのか区別しにくい場合もある。

　取締役個々の役割・責務を再定義すべきであるというのが本節の主題であるが、それを検討する場合には、これら任意の肩書の定義の明確化も議論になると思われる。

　社長や専務といった役位は多くの場合は役員のなかでの序列をあらわすためのものであり、それぞれについて特定の役割があるわけではないという会社も多い。そのような場合には無理に役割定義を定める必要もないが、報酬などと連動する場合にはその任命基準等について明確にする必要はあると考えられる。

　また、CEOやCFOといった肩書は業務執行を担う役員の所管領域をあらわすものとして用いられる。

　さらに執行役員制度を導入している企業においては、執行役員のなかでも「上席執行役員」や「上級執行役員」などの呼称で区分けを行う会社もある。

　これらにより構成される役員人事体系は過去からの経緯や役員個々の処遇の問題とも絡み、肩書の意味や任命基準等について厳格に定義しようとしてもむずかしい面はある。仮に定義したとしても不整合は必ず出てくるはずである。しかし、役員人事体系の構造について役員自身が議論し整理していく過程で個々の役割に関する認識がより深まることや、共通認識のもとにガバナンス強化に取り組めるといった利点もある。取締役・取締役会の役割に関する検討を行う際に、少し視点を広げてこういったテーマについても俎上に載せることで、より議論が深まるはずである。

で特に女性の適任者を求める企業も多い。さらに、事業をグローバル展開している企業などでは、外国人の取締役も多くみられる。

　このように多様なメンバーで取締役会を構成する場合、経験・能力という

面でも会社としての期待という面でも、すべての取締役が同じ役割を負うということはありえないはずである。会社として、取締役会としての役割を遂行するために個々の取締役にどのような役割を期待しているのかを明示する必要がある。就任する取締役の立場からも、自身は何を期待されているのか、取締役としてどのように振る舞うべきか、どのような責任を負うのか、といった点を明確にすることがこれまで以上に求められる状況である。

◆**取締役の指名・報酬プロセスの透明性・客観性の高まり**

　指名委員会等設置会社では指名委員会および報酬委員会が必置機関であり、その社外性の確保についても法律で規定されている。また、コーポレートガバナンス・コードの適用開始以降、監査役会設置会社や監査等委員会設置会社においても任意の指名委員会や報酬委員会といった諮問機関を置き、指名・報酬に関するプロセスの透明性・客観性を担保しようとする動きが多くの企業でみられる（図表7−3）。

　これら指名・報酬に関する委員会等の機関を置く場合、任意機関であっても社外取締役を中心とした構成とすることが一般的となっている。

　ここで問題となるのが、指名・報酬を検討する際の判断基準である。委員会等設置の趣旨がプロセスの透明性・客観性の担保である以上、当然ながら客観的な選任基準や評価基準が必要となる。では、その基準設定の根拠となるのは何かといえば、それこそが取締役に対する期待役割なのである。指名

図表7−3　指名・報酬に関する任意の委員会等の設置状況

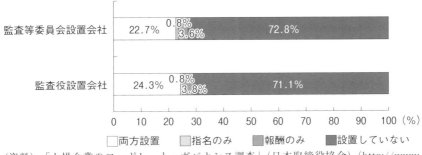

（資料）「上場企業のコーポレート・ガバナンス調査」（日本取締役協会）（http://www.jacd.jp/news/odid/cgreport.pdf）をもとに日本総合研究所作成

や評価の客観性を高めようとすればするほど、取締役個々への期待役割をより具体的に定義せざるをえないのである。慣習的に取締役指名案や取締役個々の報酬は社長の専権事項であるというような会社では基準を明確にする必要はあまりなかったかもしれないが、今後はそうしたことはますます許容されにくくなってくると思われる。

◆取締役の法的責任への注目

コーポレートガバナンスに対する社会的注目の高まりとともに、取締役個人が負うリスクについてもこれまで以上に留意が必要な状況となっている。不正会計や巨額の損失、重大な事故の発生などの問題に絡み、取締役個人の責任を追及する株主代表訴訟が度々取り沙汰されるようになっており、賠償請求額が多額にのぼる訴訟も起こされている。

また、2015年に施行された改正会社法においていわゆる「多重代表訴訟」が制度化されたことも大きな動きである。これにより、一定の要件のもとに親会社の株主がその子会社の取締役等の責任を直接追及することが可能となった。

取締役等の損害賠償責任については、株主総会決議による責任の一部免除や、責任限定契約等もあり、責任範囲について一定の枠をかけることは可能である。とはいえ、こうした訴訟等のリスクは取締役に就任する立場からみれば就任諾否や取締役としての業務上の判断に大きく影響するものであることは間違いない。

こうした観点からも、個々の取締役について、役割とともにそれに連動してどのような範囲の責任を負うことになるのかを明確にし、共有することの重要性が増しているといえる。

このように、ガバナンス改革の流れのなかで取締役会に求められる役割が一般規範としてより明確になるとともに、その役割を遂行する取締役個々への要請や社外からの目もより厳格さを増している。取締役会の改革は多くの企業で内容的にも外形的にもまだ途上にあり、何もかも同時に変えていくことはむずかしいというのが実態と思われるが、改革の実効性という点でも

個々の取締役のリスクという点でも、取締役の役割・責務を再定義することが各社において早急に求められるのである。

(4) 取締役会の構成員と各取締役の役割

　ここまでは取締役の役割・責務を再定義すべき背景について述べてきたが、ここからはさらに一歩進めて、個々の取締役がどのような役割を担うべきかについて整理する。

　ただし、取締役会のあり方やそこから展開される各取締役への期待役割は具体的には各社が自社の方針により設定すべきもので、一律に規定できるものではない。ここで述べるのはその検討の端緒となる大きな方向にとどめる。

　取締役会を構成するのは以下のような取締役である。
・業務執行取締役
・非業務執行取締役（社外）
・非業務執行取締役（社内）
・監査等委員　※監査等委員会設置会社の場合
・指名委員、報酬委員、監査委員　※指名委員会等設置会社の場合
・その他任意の委員等

◆業務執行取締役

　業務執行取締役については、大きく二つの役割が想定される。一つは、自身の所管する領域に関する業務執行の決定および、取締役会へ付議すべき事項の上程であり、もう一つは、他の取締役の業務執行に対する監督である。業務執行取締役は取締役会の場面によりこの二つの立場を切り替えて審議に臨む必要がある点を明確にすることが重要である。

　前者については、会社として各取締役の所管範囲と権限委譲する事項を具体的に定めることが必要である。その前提として、役割と責任を明確にするという意味では、できる限り業務執行取締役への権限委譲を進めることが望ましい。このことは取締役会の実効性向上にも大きく関係する重要なテーマであるが、それについては次章であらためて触れる。

第7章　取締役のあり方　139

また後者については、前述のように慣習的に業務執行に重きが置かれてきた日本の取締役会において、業務執行取締役も監督機能を担う責任を負っているということをあらためて認識することが必要となる。もちろん、所管以外の事業の細かい内容にまであれこれと意見することはむずかしいと思われるが、リスクの所在や検討プロセスの妥当性、目標設定の妥当性、コンティンジェンシー・プランの有無、などといった観点から牽制機能を果たすことはできるはずである。

◆非業務執行取締役（社外）

社外取締役に期待役割として何を求めるかは、会社によりさまざまに想定される。たとえば、コーポレートガバナンス・コードでは以下の4点が示されている。

① 経営の方針や経営改善について、自らの知見に基づき、会社の持続的な成長を促し中長期的な企業価値の向上を図る、との観点からの助言を行うこと

② 経営陣幹部の選解任その他の取締役会の重要な意思決定を通じ、経営の監督を行うこと

③ 会社と経営陣・支配株主等との間の利益相反を監督すること

④ 経営陣・支配株主から独立した立場で、少数株主をはじめとするステークホルダーの意見を取締役会に反映させること

このなかでも特に①の経営の方針や経営改善についての助言は、社外取締役それぞれのバックグラウンドや有している知見が多様に異なるため、会社としての期待役割を具体的に明示することが必要となる。この際に、本章第2節のテーマである「スキルマトリックス」などの考え方も取り入れながら検討するとより具体的かつ俯瞰的な整理ができるものと考えられる。

また、社外取締役についてはその役割を実効的に遂行できるよう、他の社外取締役との連携などについても期待役割のなかに盛り込むことも考えられる。たとえばコーポレートガバナンス・コードに示されている「筆頭独立社外取締役」や類似の仕組みを取り入れる場合、その役割や責務についても明示する必要がある。

◆非業務執行取締役（社内）

　法定の各種委員（指名／報酬／監査、監査等）以外で非業務執行の社内取締役が存在するケースというのはあまり多くないと思われるが、こうした取締役を置く場合の役割についても触れる。

　コーポレートガバナンス・コードでは、主に社外取締役を想定してのものとは思われるが、原則4－6で次のように記載されている。

【原則4－6　経営の監督と執行】
上場会社は、取締役会による独立かつ客観的な経営の監督の実効性を確保すべく、業務の執行には携わらない、業務の執行と一定の距離を置く取締役の活用について検討すべきである。

（資料）「コーポレートガバナンス・コード」（東京証券取引所）（http://www.jpx.co.jp/
equities/listing/cg/tvdivq0000008jdy-att/code.pdf）

　ここでいう「独立かつ客観的な経営の監督」という趣旨からすれば社外取締役であることがより望ましい要件と考えられるが、一方で社内取締役だからこそ果たせる役割もあると思われる。その一つは、社内取締役もしくは業務執行部門と社外取締役との連携をサポートすることである。ある意味で業務執行取締役と社外取締役の中間に位置する性質ととらえれば、客観的な監督者という立場で社外取締役と協働しつつ、社内からの各種の情報提供や連絡役として社外取締役の活動を円滑にサポートできる可能性がある。

　社外取締役の導入がさらに進むことも想定されるため、こうした役割を担う立場としての社内取締役を置くことも検討の余地はあると考えられる。

◆監査等委員

　監査等委員は監査を担う非業務執行取締役であり、監査役と役割としては近いものがあるが、その大きな違いは取締役会における議決権をもっていることである。また、監査役は「適法性」の観点だけを求められるところ、監査等委員については「妥当性」にまで踏み込んだ観点での活動が求められることとなる。取締役として法令に定める各種の責任を負うことも監査役と異

第7章　取締役のあり方　141

なる点である。

　制度ができてから間もないこともあり、その活動内容については一般的な認識が十分に醸成されていないのが現状である。監査役と何が違うのか、「妥当性」とはどのような観点でみればよいのか、といった点が期待役割を定義する際の論点になると思われる。

　監査等委員会設置会社に移行した会社のなかには、従前の監査役がそのまま監査等委員に就任するケースも多くみられるが、こうした場合には特に取締役という立場になることによる監査役との異同について、しっかりと認識合わせをしておくことが必要である。

◆指名委員、監査委員、報酬委員

　指名委員会等設置会社においては、3委員会（指名委員会・監査委員会・報酬委員会）からなる取締役会と業務執行を担う執行役とが置かれ、執行と監督の明確な分離がなされる。それぞれの委員会の役割は会社法により定められており、各委員の役割もそれによって明確になっていると考えられるため、ここでは詳細には触れない。

　ただし、指名委員、報酬委員については執行役との兼任が可能であり、兼任とする場合には取締役としての職務と執行役としての職務が混同されないように留意する必要がある。

◆その他任意の委員等

　最近では、監査役設置会社や監査等委員会設置会社においても任意の指名委員会や報酬委員会といった諮問機関を置く会社が増えている。これらの委員等となる場合には、業務執行取締役もしくは非業務執行取締役としての役割に加えて、諮問機関の構成員としての役割を担うこととなる。法定の委員会と異なり、意思決定プロセスにおける委員会の位置づけやどこまでの権限をもたせるかといったことも柔軟に設計できるため、それらの前提条件とともに委員等に求める期待役割についても明確にする必要がある。

(5)　取締役への期待役割の明示

　本節の最後に、取締役の役割定義をどのように明示し、共有するかという

点について触れておきたい。

　取締役に求める役割は必ずしも固定化すべきものではなく、取締役会の構成、経営環境の変化、取締役会評価の結果等に応じて柔軟に見直しを図るべきものである。その意味では、たとえば規程などで期待役割を定めようとしても実効性が伴わない可能性がある。したがって、取締役の役割については原則として就任を打診するタイミングごとに各候補者に提示されることが望ましいと思われる。

　取締役候補者へはオファーレター等により伝えることが考えられるが、社内的には指名案を作成し審議する段階で各候補者の期待役割が事前に明確になっている必要がある。審議の過程で各候補者が要件を満たしているか否かを判断するための情報整理等も必要となることから、今後取締役の役割をあらためて明確にしようと取り組まれる会社においては、指名プロセスのスケジュールについても考慮が必要となる。

　また、特に社外取締役は候補となる人材が逼迫していることから一人の社外取締役に複数の委員等の兼任を依頼せざるをえないケースもある。職務が過重となってその実効性が失われたり、役割認識のギャップが生じたりすることのないよう、就任承諾前に十分なすり合わせが必要となる。

2　取締役選任における日本版スキルマトリックス

(1)　コーポレートガバナンス・コード適用での取締役等選任における課題

◆取締役等選任における課題

　取締役会等の実効性を確保することこそがコーポレートガバナンス強化において大変重要なファクターであり、コーポレートガバナンス・コードの基本原則4において取締役会等の責務について詳述されている（図表7−4）。そして、基本原則の下部構造にある14の原則は大きく「方針」「適用体制」

第7章　取締役のあり方　143

図表7－4　コーポレートガバナンス・コード第4章　取締役会等の責務

| | 方針 | 適用体制 | | 実　績 |
		機構設計	手続・サポート	
原則	1　取締役会の役割・責務(1)	6　経営の監督と執行	12　取締役会における審議の活性化	11　取締役会・監査役会の実効性確保のための前提条件
	2　取締役会の役割・責務(2)	8　独立社外取締役の有効な活用	13　情報入手と支援体制	
	3　取締役会の役割・責務(3)	9　独立社外取締役の独立性判断基準および資質	14　取締役・監査役のトレーニング	
	4　監査役および監査役会の役割・責務	10　任務の仕組みの活用		
	5　取締役・監査役等の受託者責任	11　取締役会・監査役会の実効性確保のための前提条件		
	7　独立社外取締役の役割・責務			

（資料）　金融庁「コーポレートガバナンス・コード原案―会社の持続的な成長と中長期的な企業価値の向上のために」をもとに日本総合研究所作成

「実績」の三つに分けられるものと考えられる。

　第一の「方針」は取締役・監査役・独立社外取締役の役割・責務を示し、取締役会等構成員の行動規範を示す原則群であり、第二の「適用体制」は「方針」に示した役割・責務を適切に果たすための体制についての原則群である。第三の「実績」は取締役会等の実効性評価であり、原則4－11が該当する。「適用体制」はさらに「機構設計」と「手続・サポート」の二つに分けられる。「機構設計」は取締役会等の枠組みに関連する原則群で、取締役会等の構成や各種委員会の設定について規定している。「手続・サポート」は既定の枠組みで取締役会等のパフォーマンス向上のために必要な実務上の手引である。

　取締役会等の評価（「実績」）では、「機構設計」「手続・サポート」のさま

ざまな側面で実効性を検証する必要があるものの、最も基本的、かつ重要なのは取締役会等の構成であり、個々の取締役等の素養を熟考したうえでの選任が評価の対象になる。具体的にいえば、社内で不足している見識や経験・素養を補完するための独立社外取締役の選任は、コーポレートガバナンス・コードの目玉の一つである。しかし、その適用状況は必ずしもコーポレートガバナンス・コードの意図するものとなっていない。たとえば5～6社の社外役員を兼任する者があらわれる等、一部の著名人に過剰な人気が集中しており、取締役候補市場が発達しない展開となっている。また取締役会の実効性評価について定めた補充原則4－11③の遵守率が2016年末現在で東証一部・二部上場企業の約55％にとどまり、すべての原則・補充原則のなかで最低となっている。これらの現象が象徴するのは、①あいまいな選任理由、②新しい取締役人材発掘の限界という課題であろう。

いずれも「自らのガバナンス上の課題の有無を検討し、自律的に対応すること」というコーポレートガバナンス・コードの趣旨に反している。

◆取締役会等を取り巻く法的・社会的背景

会社法は2015年5月の改正法施行により機関設計として監査役会設置会社、指名委員会等設置会社、監査等委員会設置会社のいずれかが選択可能になったものの、日本企業の大半は監査役会設置会社を選択している。この機関設計において取締役会は監督・執行両方の責任を課されている。しかし企業の存続を第一に業務執行を監督に優先させることが多く、取締役会における監督機能の実効性が失われてきた点が指摘されている。もちろん監査役の権限として、取締役の義務違反を知った場合に取締役会への報告をもって事態の解決に至らない場合、裁判所に差止命令を申し立てるか、会社を代表して取締役を訴えることができる。ただ、多くの監査役は通常は会社、すなわち事実上社長によって指名されてきた。さらにコンセンサスを重視する企業文化を有する日本企業においては、この法的義務は有名無実化されてしまい、監督を重要視しない取締役会の行動を諌めることは事実上不可能に近いと判断される。一方、日本企業の一部および海外で広く採用されている監査委員会では、構成員が経営陣とは独立しており、内部監査責任者や外部監査

第7章　取締役のあり方　145

人とのコンタクト・議論だけでなく、取締役会において議決権行使も可能である。監査委員会は完全無欠の仕組みではないものの、前述の監査役の法的義務と比較するとコーポレートガバナンス上の課題を炙り出しやすく、より実効性の高い監督が期待できる。

さらに日本企業では取締役は社内出身者より選出される慣習が根強く、外部の有益な知見を活用するインセンティブは長らく失われてきた。独立社外取締役の選任が正式に推奨されたのは、東京証券取引所が有価証券上場規程に独立社外取締役を少なくとも1名以上確保する努力義務を課す規則を加え、同規程を施行した2014年2月以降である。社内出身者による取締役就任の慣習は、ジェネラリストとして育成された管理者が取締役として適任であるとの考え方に基づいていた。この結果、取締役に類似した素養しか備わっていなくともこれを是とし、取締役間の差別化や取締役会等における素養のバランスといった意識に乏しい状況が続いてきた。先述の著名人への過剰人気も独立社外取締役の選出においても同様の慣習が踏襲されている可能性が高いことを示している。コーポレートガバナンス・コードの精神にのっとるためには、取締役等に必要な能力を検討したうえで、適切な人材を選出する仕組みが必要になる。

(2) 海外でのスキルマトリックス適用事例

コーポレートガバナンスの諸問題は企業形態として株式会社という制度を選択することに起因する。したがって、株式会社制度を選択している他の主要先進国での対応を参考にすることが可能である。社内取締役の選定基準を踏襲した不透明な取締役等選任を防止し、取締役等の素養のバランスおよび取締役会等の機能を客観的に確認するツールとしては、スキルマトリックスが有益であると考えられる。スキルマトリックスは2000年代後半の国際金融危機の後、北米を中心に始まった慣行である。コーポレートガバナンスに関する企業へのエンゲージメントに定評のあるカナダの機関投資家団体Council of Institutional Investors（CII）が2014年2月にベストプラクティスとして推奨して以来、採用企業数が順調に増加しており、2016年4月末現在で、

S&P500採用企業の約10%がスキルマトリックスによる情報開示を行っている。

　スキルマトリックスは取締役の素養および取締役会におけるバランスを一覧表にまとめたものである。その目的は企業が必要とする取締役の素養と現職取締役・取締役候補の素養とを対照させ、取締役選任の適切性を開示することにある。図表7－5は2011年という比較的初期からスキルマトリックスを採用しているプルデンシャル・フィナンシャル社の、2016年のスキルマトリックスである。企業が必要と考える経験や素養を縦軸に、取締役名を横軸にとり（企業によっては縦横の項目が逆の場合がある）、各取締役が取締役会へ貢献できると判断される経験・素養に●を付与している。ただし空欄は必ずしも該当取締役が経験・素養をもっていないということを意味してはおら

図表7－5　プルデンシャル・フィナンシャル社のスキルマトリックス

経験・素養	取締役												
	A	B	C	D	E	F	G	H	I	J	K	L	M
学術研究							●		●	●			
企業倫理		●		●									
部門長・管掌経験	●	●	●	●	●	●	●	●	●	●	●	●	●
事業執行	●	●	●	●	●	●	●	●	●	●	●	●	●
コーポレートガバナンス	●	●	●	●	●	●	●	●	●	●	●	●	●
環境・サステナビリティ・企業の責任		●			●								
財務・資本配分				●	●	●	●	●	●	●	●	●	●
財務の専門知識・リテラシー	●	●	●	●	●	●	●	●	●	●	●	●	●
金融業界				●	●	●	●	●	●	●	●		
政府・公共政策		●		●			●						
保険業界				●				●				●	
グローバル			●	●	●	●				●		●	●
投資	●	●			●						●	●	
マーケティング・セールス			●							●			●
不動産	●				●					●			
リスクマネジメント		●		●	●	●		●		●		●	
人材マネジメント	●	●	●	●	●	●	●	●	●	●	●	●	●
テクノロジー・システム				●		●						●	

（資料）　Prudential Financial, Inc. "2016 Proxy Statement" をもとに日本総合研究所作成

ず、●は該当取締役が特に顕著に取締役会に貢献できる経験・素養という前提である。したがって、スキルマトリックスはすべての取締役が縦軸に示されたすべての経験・素養をもつように促すためのツールではなく、特定領域に強みをもつ人材を幅広く採用することにより、取締役会の多様性を促すためのツールであるといえる。この例では要求される経験・素養は①財務・マーケティング等業務経験、②保険業界・不動産等当該企業の事業ドメインに即した業界経験、③学術研究・政府等当該企業のステークホルダーでの経験等多岐にわたる。また、企業により所属業種・事業ドメイン・創業地域およびそれらの中長期計画が異なり必要な取締役の要件が一様ではないため、企業による自律的な対応を促進するという点でもスキルマトリックスは有用であるといえる。一方、取締役による経営監督の実効性を担保するため、すべての取締役に事業執行経験や、コーポレートガバナンス・財務の専門知識を求めている。

　スキルマトリックス作成にはその前提として選任基準に含めるべき経験・素養の把握、およびその根拠説明が必要となる。図表7－6では、GE社の取締役選任基準を列挙している。GE社は取締役会に必要な10の経験・素養を定義し、事業との関連性を説明している。特にグローバル・関連業界での経験は同社の受注高・売上高における寄与度、テクノロジー関連・政府機関での経験は同社の業務特性と明確に関連づけている。

　一方図表7－6でGE社ならびに三菱重工業の取締役等選任基準も掲載した。同社ではコーポレートガバナンス・ガイドラインにおいて社内取締役および社外取締役の選任基準について条文を分け、社内取締役に対して経営者としての視点、監査等委員会構成員に対して会社経営、法務、財務・会計等の知識・経験を要求している。しかしそれを除いて、社内取締役に対して「経歴および能力」や社外取締役に対して「経歴および資質」に基づく選任を行うという記述があるのみで、具体的にどのような経歴・能力・資質が必要なのかについて明示していない。

　またGE社の選任基準のように、業務に密接に関連した経験・素養については特に言及がなく、公開されている選任基準の不完全性が明白である。

148

図表 7 - 6　GE社および三菱重工業の取締役選任基準

	要求経験・素養
GE社	・リーダーシップ：長期にわたり重要なリーダー職、特にCEOを経験した取締役はリーダーシップを十分に発揮でき、かつ組織・意思決定過程・戦略およびリスクマネジメント・企業に変化と成長をもたらす方法についての実践的な理解がある。 ・グローバル：GEの継続的な成功の一部は米国外の事業拡大によると考えるため、われわれはグローバルビジネス経験者を取締役に迎えた。たとえば2015年の売上高の55％、インフラ受注の64％は米国外からである。 ・業界：われわれの属する業界でリーダー経験のある取締役を探し、過去数年間に石油・ガスやヘルスケアの業界経験者を取締役会に加えた。なぜなら両業界がそれぞれ売上高の14％、15％を占めるためである。 ・財務報告：GEは多くの指標により自社の業績を計測しており、正確な財務報告や厳格な監査はわれわれの成功にとり不可欠である。すでに監査委員会において財務エキスパートとして数名を取締役会に迎えているものの、すべての取締役に会計や財務報告プロセスの理解を期待する。 ・人材育成・開発：後継者育成における取締役の重要性をかんがみ、われわれは学識経験者を含め、人材育成・開発経験のある取締役を探してきた。該当する取締役が他者を鼓舞・育成する能力を有し、人材発掘に確かな能力を有すると確信している。 ・投資家：投資家との利害の一致を確保するため、われわれは投資・投資決定の責任者を取締役会に迎えた。彼らは経営陣および取締役会が最重要の企業価値創造活動に注力するようサポートする。 ・テクノロジー：テクノロジー企業および先進的なイノベーターとして、テクノロジーのバックグラウンドをもつ取締役を迎えた。われわれの成功は新技術・発想の開発・投資に依存する。GEデジタル発足に伴うソフトウェアおよびインダストリアル・インターネットの注力を背景にテクノロジー経験は重要である。 ・リスクマネジメント：監督や重大なリスクの理解における取締役会の役割にかんがみ、リスクマネジメント・監督経験のある取締役を迎えた。 ・政府機関：政府・規制機関経験者を加えたのはGEの事業の多くは規制されており、政府の行動や社会・経済的トレンドに直接影響を受けるためである。

	・マーケティング：GEは有機的成長および新市場開拓を目指しており、特に国際的なマーケティング経験のある取締役が重要である。また自社の事業ポートフォリオをより多く産業・ソフトウェアに集中しているため、マーケティングやブランディングの能力が重要である。
三菱重工業	・取締役（監査等委員および社外取締役を除く）の候補者には、本人の経歴および能力をふまえつつ、経営者としての視点をもち、グループ全体の発展と経営の高度化に寄与できる人物を選任する。 ・社外取締役の選任にあたっては、本人の経歴および資質に基づき取締役社長が候補者を選定する。 ・監査等委員の選任にあたっては、会社経営、法務、財務・会計等さまざまな分野から、それぞれ豊富な知識・経験を有する者をバランスよく選任する。

（資料）　General Electric Company "Notice of 2016 Annual Meeting & Proxy Statement"、三菱重工業コーポレートガバナンス・ガイドラインをもとに日本総合研究所作成

GE社の選任基準開示とは異なり、これだけでは三菱重工業の取締役に適切な人物が選出されているかどうかを把握することはきわめて困難である。

　スキルマトリックスの実効的な運用においてはマトリックスで取り上げる経験・素養の熟考が必要となる。企業により中長期の経営計画における重点項目、所属業種・事業ドメイン・操業地域等が異なるため、当然必要な取締役等の要件が異なることになる。マトリックスの様式は各社同様のものになるものの、そこでの要求経験・素養に関しては自律的な判断が求められることになる。また、この判断は社長や社内取締役の独断ではなく、独立社外取締役の見識も反映すべきである。その反映を適切に行うために、独立社外取締役のみで構成される会議体での議論も許容することが重要である。

(3)　日本版スキルマトリックス

　ただし前節で取り上げたスキルマトリックスは、株主価値の最大化を目的としたアングロ・サクソン型コーポレートガバナンスにおいて、取締役会の実効性確保のために使用されているツールだといえる。そのため取締役会の実効性確保のツールとしては有用であるものの、日本版コーポレートガバナ

ンス・コードの趣旨に即したコーポレートガバナンスを実現するためには一定の修正が必要だろう。言い換えれば「日本版スキルマトリックス」として改良する必要があるということである。その具体的な内容に言及する前に、日本版コーポレートガバナンス・コードの特徴をその対象と目的の点から再確認したい。

　日本版コーポレートガバナンス・コードにおいて、コーポレートガバナンスとは、「会社が、株主をはじめ顧客・従業員・地域社会等の立場を踏まえた上で、透明・公正かつ迅速・果断な意思決定を行うための仕組み」と定義されている。

◆対　　象

　日本版コーポレートガバナンス・コードにおいて、コーポレートガバナンスの対象は「株主をはじめ顧客・従業員・地域社会等」、すなわち株主を含むさまざまなステークホルダーで、アングロ・サクソン型の「株主のみ」とは明確に異なる。たとえばイギリスのコーポレートガバナンス・コードの原則・補充原則では株主以外のステークホルダーにいっさい言及がない。ただし日本版の含意は、株式会社の経営者が株主（出資者）の代理として業務執行を担う、という制度的枠組みを変えるということではなく、株主・経営者双方がその他のステークホルダーへの配慮も欠かさないということである。

　実際、日本企業は長期的成長のために従業員やその他ステークホルダーとの友好関係を築いてきた。系列関係や株式持ち合いの慣習はステークホルダーとの長期的な関係の好例である。これらの慣習は、戦後の日本企業に安定したヒト・モノ・カネの供給を通じ長期的な経営を支えただけでなく、企業とステークホルダーとの間の情報の非対称性や利害の不一致の可能性を最小化してきた。

　アングロ・サクソン型コーポレートガバナンスが支配的な欧米諸国においてさえも、この点を評価する識者が存在することは特筆に値する。日本企業が合併・買収後に人員削減を控えた理由として、従業員を特許等さまざまな無形資産の源泉ととらえていただけでなく、日本社会での評判や長期的な持

第7章　取締役のあり方　151

続性を短期的な業績回復より優先したためとする指摘がある。こうした日本企業の、集団による価値創造を重視する文化が①労働者と使用者との間、および②企業と社会との間で、役員報酬をめぐる論争を極力抑制してきた事実をふまえ、イギリスのNGOであるHigh Pay Centreはグローバル比較のうえで稀有な存在だと高く評価している。

　さらに昨今の統合報告慣行の進展にあらわれているとおり、日本企業は価値創造過程や長期的なビジネス戦略を前提とした、財務・非財務的な価値についての報告に大変意欲的である。コーポレートガバナンス・コード第2章「株主以外のステークホルダーとの適切な協働」が設けられた背景には、先述の歴史的背景に加え、日本企業の高い意欲に裏付けられた情報開示実績があると考えるのが自然であろう。この傾向は次項で述べるコーポレートガバナンスの目的遂行のうえでも大変重要である。

◆**目　　的**

　日本版コーポレートガバナンス・コードにおいて、コーポレートガバナンスの目的は「透明・公正かつ迅速・果断な意思決定」だが、基本原則4で「(1)企業戦略等の大きな方向性を示すこと、(2)経営陣幹部による適切なリスクテイクを支える環境整備を行うこと、(3)独立した客観的な立場から、経営陣（執行役及びいわゆる執行役員を含む）・取締役に対する実効性の高い監督を行うこと」と詳述されている。一般的に(2)は「攻めのガバナンス」、(3)は「守りのガバナンス」と呼ばれており、以下では(1)について経営計画と呼ぶことにする。

　コーポレートガバナンス強化は成長戦略の一環として提起されていることから、コーポレートガバナンス・コードでは「攻めのガバナンス」が第一義的と考えられる。しかし「攻めのガバナンス」の実行には、経営計画と「守りのガバナンス」が不可欠である。「攻めのガバナンス」としての具体的なリスクテイクは、綿密に練られた経営計画を下地として実行されるものであり、経営計画は外部環境および内部資源について非財務情報を含む利用可能な情報を十分に考慮したものである必要がある。さらに「守りのガバナンス」とは企業価値向上を阻害する可能性のあるリスクへの対処であり、適切

なリスクテイクの裏付けとなるものである。特に発生確率は低いものの被害が甚大な、いわゆるブラックスワン型の不祥事を頻発するものの、被害の小さい事件・事故と同様、通常のリスク管理プロセスに組み込む体制こそ、中長期的な企業価値向上を実現するために不可欠といえる。短期的な株主価値創造への傾倒だけでなく、その他ステークホルダーへの配慮不足が不祥事の原因となることが多いことを想起すると、財務・非財務情報双方への考慮が不祥事の防止においても鍵となる。

◆日本版スキルマトリックス

　本章では日本版コーポレートガバナンス・コードにおいて株主を含むステークホルダーに対する配慮が求められており、そのうえで「攻めのガバナンス」の遂行により会社の持続的成長と中長期的な企業価値の向上を図る必要があることを説明してきた。それを実現するためには前項で説明したスキルマトリックスでは不十分であり、「日本版スキルマトリックス」が必要となる。日本版で追加すべき素養は世の中全体についての見識・洞察であり、近江商人の「三方よし」等に象徴される日本文化になじんだ基準であるといえる。すなわち①企業の本業を通じた社会貢献・社会的課題解決や②直接のステークホルダーへの貢献にとどまらず、経済・社会システムの改善についてどのような見識をもっているかという基準で素養を計ることが必要である。このような素養の多寡が、企業のステークホルダー配慮の取組みが表面的か示唆に富んだものか、結果的に中長期的な企業価値の向上を担保しうるものかどうかを決定づける。

　日本版におけるこのような素養が北米版ですでに考慮されているのではないかと考える読者がいるかもしれない。もちろん単なるESG（環境・社会・ガバナンス）要因であればすでにスキルマトリックスに取り入れている企業は存在する。しかし同国における事例は、鉱業や石油・ガス業での環境配慮や小売業・金融業におけるCSR等、過去に起こした不祥事に対するレピュテーション再構築を目的とした採用がほとんどであり、経済・社会システムの改善という視点は必ずしも強くない。また、先に好事例として取り上げたGE社では人材育成・開発を必要なスキルとしてあげているものの、あくま

で社内の人的資本の有効活用がねらいであり、経済・社会システムの改善と直接の関連性はない。

　一方、経済・社会システムの改善を明確に意識した取締役をもつ企業が日本には存在する。以下ではその具体例を二つ取り上げる。

　一つはサイバーダイン社の「社会が直面する様々な課題解決と新産業創出」である。これは同社創業者・社長である山海嘉之氏が掲げた同社グループのミッションであり、ここでの社会課題とは世界の先進各国が超高齢社会に直面することを指している。こうした社会課題から医療・介護福祉・生活支援分野での新産業創出の需要増大に着目し、同社は山海氏の創出したサイバニクス技術を駆使して推進するとしている。サイバニクスとは人と機械の共通の情報処理理論である人工頭脳学、機械電子工学、情報学を中心に、脳神経科学、行動科学、ロボット工学、IT、システム統合技術、運動生理学、心理学、社会科学、倫理、法律など、人・機械・情報系の融合複合分野を扱うことを目的として構築された新しい学術領域である。このサイバニクス分野の知見を同社の「テクノロジーは人や社会の役に立ってこそ意味がある」との理念のもと、同社の代表製品であるロボットスーツなどに体現するだけでなく、多くのステークホルダーとの協働により新産業創出および社会の改善を志向している。協働の相手として、経営理念が類似しているオムロン、民間保険会社、フィットネスクラブ事業者等産業界のほかの主体や、ISO等国際基準設定団体、サイバニクス領域における革新的技術をもつベンチャー企業群がある。

　もう一つは三菱ケミカルホールディングス社のKAITEKI経営・SAITEKI社会である。KAITEKI経営は小林喜光会長の考案した概念で、①資本の効率化を重視しながら経済的価値向上を追求する経営、②経済的価値と社会的価値向上に資するイノベーション創出を追求する経営だけでなく、③サステナビリティの向上を通して社会的価値向上を追求する経営、の3次元でとらえ、時間と時機を含めた時代の大きな潮流を意識した企業活動を推進するとしている。具体的な取組みとしては①環境・資源の持続可能性、②健康で衛生的な生活の実現、③より心地よい社会、より快適な生活、それぞれに貢献

する製品・サービス群を拡大し、同製品・サービス群由来の売上高を2020年度までに2014年度比40％増を目指す。そしてKAITEKI経営を国家レベルに敷衍したものがSAITEKI社会である。持続可能な経済・社会・国家・地球の構築を目的に従来のエコノミクス、テクノロジーだけでなく、サステナビリティを加えた3次元で政策を評価し、国家価値の最大化を目指すべきというものである。サステナビリティには日本固有の人口減少など、グローバルアジェンダとして安全保障、貧困・格差問題、地球の気候変動などを指すとしている。

◆**スキルマトリックス開示の現状と課題**

　マトリックスおよびその説明については、株主総会招集通知やウェブサイト等だれでもアクセスできる場所に公開する必要がある。なぜなら、取締役等の選任は会社による重要な意思決定の一つであるため、コーポレートガバナンスの定義に照らし、透明性が確保されるべきであるからである。株主だけではなく、その他のステークホルダーをも対象にするため、株主総会招集通知だけではなく、ウェブサイトの企業情報や会社概要等のページでも情報が発信されるべきである。

　2017年4月末現在でマトリックスを作成・公表している日本企業に日本取引所グループがある。スキルマトリックスという表現は用いていないものの、独立社外取締役8名について専門性（①企業経営、②会計、③法律、④研究者・政府機関）およびダイバーシティ（①女性、②外国人）のバランスを示した簡便表が同社のコーポレートガバナンス報告書に掲載されている。同社はマトリックスを示したうえで「それぞれの分野で高い見識を認められており、当社の経営に多面的な社外の視点を積極的に取り入れることができる充実した体制となっています」と独立社外取締役の選任について自己評価している。しかし、マトリックスおよびそれに関連する同社の情報開示について、少なくとも3点の課題を指摘できる。第一に、マトリックスで基準とされた専門性・ダイバーシティの項目がどのようにして選ばれたのかについて特に説明がなされていない。いずれもどの企業でも取締役会で必要とされる項目であり、同社の事業戦略との関連性が必ずしも明確ではない。第二に、

各取締役の選任理由には「当社の企業理念及び社会的使命に共感していただけるとともに」「当社グループの主要取引先、役員報酬以外に多額の金銭その他の財産を得ているコンサルタント等、一般株主と利益相反が生じるおそれがあるとして取引所が指名した基準に該当していない」という2点を含むテンプレートのような表現が使われており、マトリックスで示された専門性に関して詳しい説明がなされていない。特に研究者・政府機関の専門性があるとされた取締役は学識経験者・作家・警察関係者であり、同社の事業戦略との関連性について詳述が必要である。第三に、同社の寄与する経済・社会システムの改善について企業理念で明確に謳われておらず、独立社外取締役に企業理念の改善の機会を与えていないことである。現在の企業理念では「市場の持続的な発展を図り、豊かな社会の実現に貢献」とのみ言及されており、「豊かな社会」の定義は不明である。たとえば環境・社会面で、市場では評価されない価値を再評価しようとする動きは社会的責任投資やインパクト投資として顕在化している。これらの投資トレンドについて証券取引所がいかにとらえるか議論が求められるものの、独立社外取締役の選任理由にはその企業理念への共感が含まれているため、議論がなされない可能性が高い。本来の独立社外取締役の存在意義は社内では得られない知見をもたらすことであり、企業理念そのものについても議論の対象から除外すべきではないが、同社はその議論に独立社外取締役を実質立ち入らせないことで、彼らの知見を有効活用できない危険性を孕んでいる。

　各取締役の選任理由においてはマトリックスの利用により、日本版で必要とされる素養を含む包括的な選任基準およびその説明をステークホルダーに示すことこそ、コーポレートガバナンス・コードの精神に即した対応といえよう。

3　サクセッション・プラン

　企業価値を高めるためには、その運営において適切な意思決定を執り行う

とともに、その意思決定の状況を適切にモニタリングする必要がある。そのためには意思決定とモニタリングの仕組みの構築が重要であり、これらはコーポレートガバナンスにおいては、機関設計というかたちで整理される。

　そして、これら機関設計のうち取締役会については、本書では第8章でさまざまな角度から、そのあり方を整理している。

　なお、本章においては、取締役会の担い手である取締役のあり方について整理しているが、取締役のなかでも要となるトップマネジメントをどのように継続して輩出するかは企業経営において重要な課題であり、ステークホルダーにとっても関心の高い事項である。そこで本節では、サクセッション・プランと呼ばれる、次世代のトップマネジメントの育成計画について、コーポレートガバナンスの視点から整理を行う。

(1)　サクセッション・プランの位置づけ

　企業経営において経営者の資質が、企業価値の向上と永続的成長を担保する重要なファクターであることはいうまでもない。実際に、近年では、多くの企業においては、経営幹部の早期育成を意識した取組みを行っているが、そのなかでも、企業の舵取りを担うCEOやCOOなどと呼ばれる、いわゆるトップマネジメントにどのような人物が就任するのかは、ステークホルダーにとっても重要な関心事項である。

　これらのうち、トップマネジメントの選任については、近年におけるコーポレートガバナンスにかかわる一連の改革において、指名委員会などのプロセスで、その適性がチェック・議論されることが一般的になりつつある。

　これらのプロセスは、あくまでも選任段階においての判断であるため、中長期的な企業経営の観点からみると、その候補者がスムーズにトップマネジメントの任に就くことが実際に可能であるかを判断するためのさらなる情報、たとえば、当該候補者がどのようなかたちで選抜されてきたかというようなプロセスやその内容が、指名委員会等で要求されることも増えている。

　一方、株主の側に立つと、具体的な人選はともかく、後継者の育成方針や

第7章　取締役のあり方　157

プロセスに関する会社の基本的な考えを理解することは、投資判断に直結するものである。

これらの流れに対して、コーポレートガバナンス・コードにおいても対応がなされている。具体的には、補充原則4－1③において、「取締役会は、会社が目指すところ（経営理念等）や具体的な経営戦略を踏まえ、最高経営者責任者等の後継者の計画（プランニング）について適切に監督を行うべきである」と記載されており、この計画が一般的にサクセッション・プランといわれるものである。

これらの関係を整理すると、図表7－7のようにあらわされる。企業の継続的な成長にとって重要であるトップマネジメントの登用については、まずスキルマトリックス等を活用してその要件を整備しつつ、ステークホルダーへの納得度を高めるために、指名委員会等の機関での議論をふまえたうえで選任する。一方で、候補者については、選任のタイミングだけ判断するのではなく、サクセッション・プランを策定して、その内容を指名委員会に供するのはもちろんのこと、コーポレートガバナンス報告書においても周知する。ここからも、サクセッション・プランは、継続的に良質なトップマネジメントを輩出するための仕組みとして、コーポレートガバナンスにおいて、重要な役割を担っていることが理解できよう。

図表7－7　サクセッション・プランの位置づけ

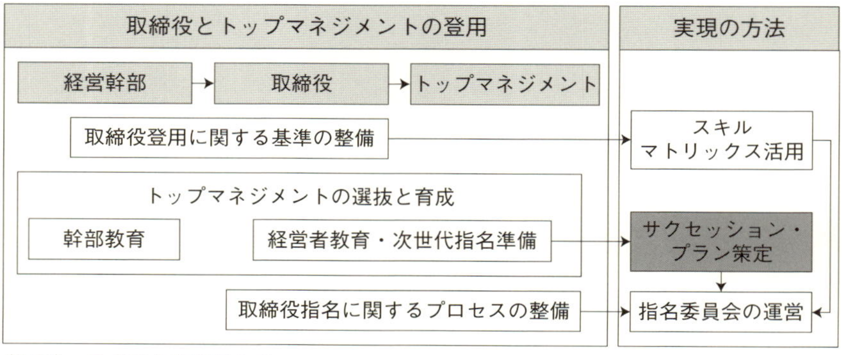

（資料）　日本総合研究所作成

(2) サクセッション・プランの策定

　企業価値の向上とその維持のために、優秀なトップマネジメントを輩出し続けるための仕組みとしてのサクセッション・プランの重要性については、先述のとおりであるが、具体的にどのようにしてサクセッション・プランを策定するのであろうか。以下において、具体的な策定についての論点を整理する。

◆サクセッション・プランの対象者

　そもそも、サクセッション・プランの対象となるトップマネジメントとはだれを指すのか。一般的にトップマネジメントとは、企業経営の最終責任者と定義されるが、日本においては会社法という観点では、いわゆる代表取締役に該当する考え方もある。

　一方で、日本企業においては代表取締役を含む取締役の序列を会長、社長、および専務というような呼称により整理しているケースが一般的であり、近年では欧米企業に準じて、CEOやCOOという呼称を併用するケースも増えている。なお、図表7－8は一般的な呼称を整理したものであるが、必ずしもこれらの呼称の間に明確な紐づけが存在するわけではない。

　その意味では、日本における取締役および代表権の概念は、十分な役割の定義がされていないという課題があり、結果としてサクセッション・プランの対象者が明確ではないという課題に結びつく。その意味では、サクセッション・プランの策定に際してトップマネジメントを定義するということ

図表7－8　企業におけるトップマネジメントの名称

会社法	一般的な日本企業の名称	欧米企業での名称
代表取締役	会長	CEO（最高経営責任者）
	社長	COO（最高執行責任者）
取締役	専務、常務など	CFO（最高財務責任者） CTO、CIOなど

（資料）　日本総合研究所作成

は、取締役の役割を明確にすることが前提条件となる[12]。

　一方で、サクセッション・プランの対象者はトップマネジメントのみでよいのかという議論もある。なぜなら、多くの日本企業においては、内部昇格で取締役が選抜され、さらにそのなかからトップマネジメントが選ばれるのが一般的であるため、その事情を勘案すると、取締役の選抜・育成過程から明確にすることが望ましいのではないかという意見も存在するからである。

　いずれにしても、企業経営の方針を示し、牽引すべき重要な立場にあるトップマネジメントの候補についての考えを示すことは重要であり、早い時点から具体的な選抜や育成の計画を開示することは有意義であると考える。

◆サクセッション・プランの内容

　当然のことではあるが、サクセッション・プランの内容は、対象となるトップマネジメントの範囲や、経営環境および業界環境、そして個社の事情によって異なるものである。その理解のもとで、ここでは一般論としての必要と思われる項目について整理する。

対象者のスクリーニング

　サクセッション・プランにおいて、まず着手すべきは対象者のスクリーニングである。スクリーニングに先立っては、指名プロセスの際に、社外取締役も含めた取締役会・指名委員会等で適切な議論とチェックができるように、基準を明確化しておくことが望ましい。

　スクリーニングの基準については、一般的要件、すなわちトップマネジメントとして必要な素養に加えて、経営環境や業界環境、および個社の事情において必要な要件を加えることが望ましい[13]。

　なお、トップマネジメント対象者のスクリーニングに際しては、一つのポストに対して複数の対象者を選定することが一般的である。

　理由としては、平常時と非常時など経営環境の変化によってトップマネジ

---

[12] 取締役の要件と責任については、本章1において論点を整理しているので、そちらを参照されたい。

[13] 取締役に求められる一般的な要件についてはスキルマトリックスの作成と活用が有効と思われる。なお、スキルマトリックスについては本章2（143ページ）を参照されたい。

メントに求められる資質は異なるため、あらかじめ複数のタイプの人材を用意することが合理的であることと、対象者が選定の過程において健康状態などを含め不適格であることが判明する場合や、対象者が離職するなどの事態が発生した場合に、再度のスクリーニングと育成にかかる時間的ロスを回避することがあげられる。

スクリーニング後、トップマネジメントの後継者に候補としてリストアップされている旨を対象者本人に告知するか否かについては、その後の育成方法などにもよるが、自覚的行動を促すことでよりスムーズな育成につながることから告知するケースが一般的になりつつある。その際に、対象者が複数いる場合は、緊張感を持続させるために、当事者のほかにも複数の候補者がいることを告知と同時に伝える措置がとられることも多い。

具体的な育成方法

サクセッション・プランにおける具体的な育成方法においては、個社の事情と対象者によって異なるが、一般的にこの段階においての対象者は、すでに部門責任者としての経験や知識を積んでおり、一定の素養がある者から選抜されていると想定される。このため、サクセッション・プランの段階での育成方法については、画一的なものではなく候補者がトップマネジメントとして職責を果たすために、現段階で不足している要素を補完していくことが主眼になる。

また、この段階での育成については、対象者も経営幹部として一定の職責を担っていることが想定される。そのため、育成の方法も実際の職務のなかで新たなテーマを付与して、それを遂行することでトップマネジメントに相応しい能力を身につけるというのが現実的であるといえよう。

なお、図表７－９は某上場企業におけるサクセッション・プランにおける育成項目の一部である。もちろん、図表７－９の項目以外にも一般的な座学や、個社の経営状況・経営戦略の理解なども存在するが、同社においてはトップマネジメントの登用までに、サクセッション・プランのなかで、育成が必要な項目をカバーできると思われるポジションを用意し、実際に経験させるという手法をとっているのが特徴であり、このようなかたちで実務的な

図表7－9　サクセッション・プランにおける育成計画

育成項目	育成の背景	想定される手法
全般的な経営能力	・担当分野における業務遂行能力だけでなく、全社視点での経営計画および遂行能力の涵養	・経営戦略部門の委嘱 ・中長期計画の策定責任者への任命 ・主要子会社の会長・社長職を委嘱
危機管理・対応能力	・全社最適の視点に立ったリスク把握とその対応能力。特に、危機発生時点での意思決定能力を重視	・リスクマネジメント担当の委嘱 ・問題プロジェクトや不芳子会社の整理等の担当を委嘱
業界内外のネットワーク	・経営戦略の遂行に際しては、社内だけではなく、各種のネットワークが有用	・政府審議会、業界団体などの委員等などへの就任

（資料）　日本総合研究所作成

育成機会を与え、的確に対処できるかを見極めるという方法が今後一般的になっていくものと思われる。

育成期間

　対象者のスクリーニング方法、具体的な育成内容とあわせて議論すべきは、サクセッション・プランにおける育成期間がどの程度必要であるかということである。ここにおいて、通常のトップマネジメントの育成計画とサクセッション・プランの違いが存在する。具体的には、サクセッション・プランについては、現在のトップマネジメントが次世代に引き渡すための具体的な時間軸を意識して策定されるものであるからである（図表7－10）。

　たとえば、現在のトップマネジメントが就任直後であれば、次世代のトップマネジメントへの移行は時間的余裕があるために、候補者の選定や育成についても基本的な方針の整理などが中心になると思われるが、時間が経つにつれ、候補者と育成方法が具体化されていく。

図表 7 −10　サクセッション・プランにおける時間軸

就任直後 —————————————————→ 交代直前		
・次世代のトップマネジメントの選考基準の整理 ・トップマネジメントに求められる要件および育成方法の検討	・複数の候補者についてスクリーニング（必要に応じて入替え） ・候補者ごとに育成計画を策定、実行し、状況をモニタリング	・経営環境や育成状況を勘案して、候補者の最終絞込み ・最終候補者への、スムーズな移行（引継ぎ）の計画策定と実行

（資料）　日本総合研究所作成

評価とモニタリング

　冒頭でも述べたが、トップマネジメントの人選とは企業価値の継続的な向上に直結する重要な事項であり、株主をはじめとしたステークホルダーの関心事項である。そして、近年においては、その選出過程が適正であるか否かについて社外取締役を含めた指名委員会等で確認するという流れになりつつある。一方で、指名においてはトップマネジメントの選出に際しては、事前情報なしでの議論や適切な判断は困難であり、サクセッション・プランはその意味で、候補者のスクリーニングと、育成すべき項目、およびその進捗状況が把握できる有用な情報源になりうるのである。

　一方で、サクセッション・プランはあくまでも、トップマネジメントから提示される情報であるため、サクセッション・プランの内容の妥当性や、サクセッション・プランに基づいて、次世代のトップマネジメントが育成されているか否かを確認をする評価とモニタリングは、近年のガバナンスの議論においても重要とされている。以下では、これらの評価やモニタリングをどのように進めていくべきかを説明する。

　まずは、候補者に対する評価についてであるが、トップマネジメントによる評価と、指名委員会等による評価の2段階でなされることが想定される（図表7−11）。トップマネジメントは、自らが選出した候補者について、育成状況を確認しながら、候補者を最終的に絞り込み自己の後継者として正式に指名する必要がある。一方で、指名委員会等の取締役の選任に関与するメ

第7章　取締役のあり方　163

図表7-11　モニタリングのプロセス

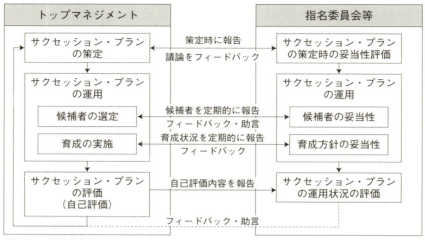

（資料）　日本総合研究所作成

ンバーも中立的な視点で、スクリーニングされた候補者が基準を満たしているかを確認する必要がある。

　サクセッション・プラン自体が適切なものであるかについても検証する必要がある。一般的には策定時にトップマネジメントが指名委員会等に対して、サクセッション・プランの内容について説明し、妥当性や実現性についての議論を行い、必要に応じて修正を行う。そして、運用後においては、適切なタイミングで、トップマネジメント運用状況の自己評価をふまえて、再びトップマネジメントと指名委員会で議論を行い、状況に応じて適宜修正を行う。

　これらのプロセスをふまえることにより、後継トップマネジメントの指名時点においては、候補者を一定期間にわたって、複数の目でみることが可能になる。そして、これらのプロセスを繰り返すことにより、企業において安定的に後継者を選抜し、育成するシステムが定着していくことになる。

(3) サクセッション・プランの課題

　ここまでは、サクセッション・プランの目的や、策定・運用についての基本的な枠組みについて説明した。しかしながら、実際にサクセッション・プランを着実に策定し、運用するためにはいくつかの課題が存在すると思われる。以下では、これらの課題についての整理を行う。

◆日本企業の特徴

　これまでに解説したサクセッション・プランの枠組みは、日本企業にとっては比較的対応しやすいものである。その理由としては、多くの日本企業においては、取締役および、トップマネジメントへの登用については、内部昇格を主としているからである。そのため、サクセッション・プランを検討する際には、それぞれの企業が有している経営幹部の選抜・育成プログラムを活用、連動させることが可能である。

　一方で、上場企業のなかでもこれらのメカニズムが有用に働かない企業が存在する。もちろん、これらの企業について、即座にガバナンスが働かないと断定するわけでないが、特に下記の類型については、トップマネジメントの選出について一定の制約があるという前提のもとで、サクセッション・プランのあり方を検討する必要がある。

親会社等の存在

　一般的に、上場企業は株式取引が自由であるため、株主が分散する傾向にあるが、一部の企業においては親会社が存在する。その典型例は親子上場という形態である。また、法的・会計的に親子関係ではないものの、実質的に特定の株主の支配下にある企業も少なくはない。

　このような関係下においては、親会社もしくは同様の影響力を有する支配株主から、トップマネジメントが派遣されてくるケースが多い。もちろん、派遣されてくるトップマネジメントについては、派遣元において十分な経営・業務経験を積んでいることが多いが、受入側にとって必ずしもライトパーソンであるわけではない。また、一部においては、トップマネジメントのポストが、親会社もしくは支配株主等のポストと一体となって管理されて

いることも否めない事実であり、このような場合は、会社側でいくらサクセッション・プランを作成しても、主体的にトップマネジメントを選抜することができない。さらには、直前までだれがトップマネジメントとして派遣されるかということも定かではないことも実際は多くみられる。

このようななかで、どのようにサクセッション・プランを少しでも有効なものにしていくかを検討すべきであるが、方法論としては、親会社および支配株主等と協議のうえで、トップマネジメントに必要な要件を示し、協働しながらサクセッション・プランを作成することや、サクセッション・プランの対象者を、自らのコントロールの効くトップマネジメントの補佐役とすることなどが想定される。

創業家の存在

日本の上場企業において少なからず存在するのが、オーナー企業などの創業家の存在感の高い企業である。これらの企業については上場をしていながらも株式を一定程度保有しており、創業者およびその一族などの関係者が経営幹部に登用されているのが特色である。

また、これらの創業家の関係者については、入社段階から経営幹部候補として扱われ、若いうちに多くの部門を経験しながら、取締役や執行役員等に登用され、最終的にトップマネジメントまでの道筋がつけられているケースが多いが、見方を変えるとこの道筋こそが、サクセッション・プランともいえよう。

しかしながら、このような企業の課題としては、創業家の関係者が必ずしもトップマネジメントの任に耐えられるような経験や能力を有しているとは限らない点にある。一方で、創業者の関係者が主要ポストを独占することで、将来のキャリアにおいて不満のある優秀な人材が離職するというリスクが顕在化する可能性もあり、このような課題を解消する観点でのサクセッション・プランの策定が求められる。

この場合は、通常より長い期間でのサクセッション・プランを創業家との協議のもとで検討することになる。具体的には、創業家の関係者がトップマネジメントに就任する際の条件や、トレーニングの方法、トップマネジメン

ト就任時のサポート体制、および創業家の関係者からトップマネジメントを選出できない際のコンティンジェンシー・プランなどの検討が想定される。

再生スポンサーの存在

企業経営は経済活動の一部であることはいうまでもないが、逆の見方をすると、経済状況の大きな変化によって企業経営がリスクにさらされる可能性も常に存在する。実際にバブル経済の崩壊後や、リーマン・ショックやサブプライム問題などにより、多くの上場企業が経営危機に瀕したことは反論の余地がない。

このような状況で、企業はステークホルダー、特に株主の損失拡大を食い止めるためにさまざまな対策を講ずる。上場企業においても、上場を維持しながらも、再生スポンサーを株主として迎え入れることも、有力な選択肢である。

このようなかたちで、再生スポンサーが株主になった場合、梃入れの手段としてトップマネジメントが再生スポンサーより派遣されることが一般的であり、この時点で、従前より策定していたサクセッション・プランはその意味を失うこととなる。一方で、これらの再生スポンサーは企業業績が回復した時点でエグジットを行うのが常であり、その際に当該企業においては、再生スポンサーがエグジットした後の経営体制、特にトップマネジメントの選出が重要な課題となる。

その意味で、このような企業におけるサクセッション・プランについては、再生スポンサーの助言のもとで、検討することが望ましい。特に、再生スポンサーの目線で能力を査定し、再生の現場に立ち合わせることが、最も現実解に近いといえよう。

ここで述べた三つのケースの共通項は、株主の権利は平等でありながらも、通常の株主よりも影響力の強い株主が存在することであり、トップマネジメントの選出についても大きな影響力を有していることである。

たしかに、これらのケースは、特定の影響力のある株主の存在がその他のステークホルダーとの利益相反を起こす可能性もある。特に、経営戦略をリードすべきトップマネジメントを選出するコーポレートガバナンスの一般

第7章　取締役のあり方　167

的な原則とは乖離がある。

しかしながら、支配株主や創業家、再生スポンサーの存在は、当該企業の競争力の源泉、もしくは存続条件であることも事実であり、一般原則を重んじ、画一的にサクセッション・プランを作成し、それに従わせようと動くことはこれらの競争力や存続可能性を損ねるリスクを孕んでいる。

その観点から、このような企業については、形式的にサクセッション・プランを作成して帳尻をあわせるのではなく、実態にあわせたサクセッション・プランを当事者と十分な協議により、策定することが求められる。

◆トップマネジメント登用の変化

前項においては、日本企業においてサクセッション・プランの策定と運用に課題のあるケースを列挙したが、それはあくまでも一部であり、多くの日本企業においては、依然として内部昇格による取締役、さらにはトップマネジメントへの登用が一般的である。その点で、サクセッション・プランは経営幹部の選抜と育成とリンクさせやすい有用なコーポレートガバナンスの方策であるということについては、先述のとおりである。

しかし、近年においては、日本企業における内部昇格による登用というメカニズムに揺らぎがみられる。その背景は、グローバル化やM&Aの進展による企業運営の複雑化への対応と、外部のプロフェッショナルの経営者の登用の増加にある。以下で順に解説する。

企業運営の複雑化

日本経済の中長期的な見通しを考えると、多くの企業が生き残りをかけて、グローバル展開や、周辺事業も含めた多角化を進めており、そのためにM&Aやアライアンスが日本企業においても有用な手法と認知され、活用されつつある。また、従来に比較して事業のポートフォリオに対する意識が向上している。

この結果として、日本企業の経営戦略については非連続化、非線形化が促進されることとなり、経営幹部の登用にも影響が生じている。

具体的には、先述のとおり日本企業は内部昇格による経営幹部の登用が主体であるが、それは中核事業を主体とした登用である。しかしながら、グ

ローバル化や、ポートフォリオ再編などにより、従来からの国内の中核事業が今後も中核事業である保証はない。逆に、海外事業や新規事業、さらにはM&A等で取得した事業が、今後の企業の成長のドライバーになる可能性も増加する。その観点からは、成長分野から次世代のトップマネジメントを登用する選択肢も十分にありうる。

このような状況においては、環境の変化に応じてトップマネジメントが交替するタイミングが早まることや、求められる要件が大きく変化する可能性もあり、従来のような時間をかけて後継者を育成するということが困難になる。この観点からサクセッション・プランの枠組みを見直すことも必要となろう。

外部の「プロ経営者」の登用

前項とも連動するが、グローバル化や多角化など、近年の経営環境の変化に際して、日本企業においてもトップマネジメントを社外から招聘する動きが増加している。

従来、上場企業において、社外からトップマネジメントを登用するのは、シャープのように当該企業が他の企業の支配下に置かれる場合や、日本航空などのように当該企業が再生過程である場合などであったが、平常時においても、社内にさらに活力やスピード感を与える、新たなネットワークやノウハウを導入するという理由から、図表7－12のような、いわゆる「プロ経営者」を招聘するというケースも徐々に増えつつある。

図表7－12　外部の「プロ経営者」の招聘

氏　名	企業名
魚谷　雅彦	日本コカ・コーラ、資生堂
藤森　義明	LIXILグループ
原田　泳幸	日本マクドナルドHD、ベネッセHD
クリストフ・ウェバー	GSK（フランス法人）、武田薬品工業
ハワード・ストリンガー	CBS、ソニー

（資料）　各社開示資料をもとに日本総合研究所作成

このような状況において、サクセッション・プランはどのような位置づけになるのであろうか。一般に、サクセッション・プランは先述のとおり、内部昇格を前提として、後継のトップマネジメント候補のスクリーニングと、候補者の育成についての計画を具体化するものであり、外部の「プロ経営者」を招聘する場合は、サクセッション・プランの位置づけそのものを見直す必要がある。

　具体的に述べると、候補者のスクリーニングについてはおおむね同一であると思われるが、「プロ経営者」であるゆえに育成は不要である。そのかわりに、スムーズにトップマネジメントとしての任にあたることができるように、どのような情報を提供するかなどを検討する必要がある。

　また、一般的には「プロ経営者」は、一定の期限でのミッションや経営目標を与えられて就任するため、その後のトップマネジメントをどうするかを考えておく必要がある。

　一方で、「プロ経営者」が、与えられたミッションを達成できないと判断した場合は、途中で退任してもらうという可能性もあるため、コンティンジェンシーの観点からも「次の次」としてのサクセッション・プランを計画しておくことは重要であるが、このプランに関しては指名委員会等に委ねるということも想定すべきである。

　経営環境の変化により、従来の日本企業で一般的であった、終身雇用を前提とした内部昇格システムは大きく揺らぎ、今後は外部の人員がトップマネジメントに就任する可能性も考えたうえで、サクセッション・プランを作成することが求められる。

　本節では、企業価値の継続的な価値向上にとって、重要なファクターである次世代のトップマネジメントの選抜と育成に関する計画、すなわちサクセッション・プランの策定について整理するとともに、日本企業における課題とその解決の方向性について論じてきた。

　従来、日本企業においては次世代のトップマネジメントの選抜方針や、選考過程および、その育成方法は明示されてこなかったが、一連のガバナンス

改革により、これらの事項はより明示的になると思われ、その意味でサクセッション・プランの重要性も増す。

　一方で、経営環境の変化や、経営戦略の変更によりトップマネジメントに求められる能力も随時変化する。このことを理解しながら、柔軟なサクセッション・プランの策定と運用が今後はより重要になるであろうことを最後に述べておく。

4 社外からの取締役登用

　企業におけるガバナンスを有効に機能させるために、会社法などのハード・ローとコーポレートガバナンス・コードなどのソフト・ローの双方において整備が進みつつあるのはこれまでにも述べてきた。

　そして、これらのガバナンスを安定的に機能させるためには社外取締役の存在が重要であるとされ、近年では社外取締役の独立性が重視される時代に入っている。実際、東証の調べによると2017年の段階で、東証一部上場会社における独立社外取締役の選任は98.8％に達している。さらに、独立社外取締役を2名以上選任する割合も前年比＋8.3ポイントの88.0％に達している。一方で、10年前の東証上場会社の社外取締役、および独立社外取締役の選任状況は、それぞれが3割程度であったことを考慮すると、これらの任に耐えうる人材が不足していることは明らかであり、安定的に社外取締役を確保することが多くの企業の課題になりつつある。

　これらの状況をふまえ、本節では社外取締役の要件や、期待役割および近年の課題について整理する。

⑴　社外取締役の要件

　企業がコーポレートガバナンスを整備するにあたり、社外取締役はどのような位置づけで、果たすべき役割とは何か。それを理解することが社外取締役の要件を理解する糸口であると考えられる。株式会社における最終的な意

第7章　取締役のあり方　171

思決定機関は株主総会であるが、機動的な運営を担保するために、取締役会および事業執行取締役に一定の範囲で意思決定が委譲されているのが実情である。そのため、これらの権限委譲が適切に行われているのかを、特に株主にかわってチェックする必要があり、従来は監査役および監査役会がその役目を果たしてきた。そして監査役や監査役会の機能を強化する過程で、監査役の社外性が要求されるようになった。

　一方、並行して取締役会の役割の見直しについても商法および会社法の改正を通じて進められた。具体的には、2003年施行の改正商法においては指名委員会等設置会社、2015年施行の改正会社法においては監査等委員会設置会社の制度が導入されたが、これらの制度の導入のねらいは、取締役会を従来の意思決定機関から取締役の業務執行の監督機関へと、役割をシフトすることにある。そして、取締役会が監督機関としての機能を果たすため、社外取締役を重要な位置づけとした。具体的には、これら委員会組織において、社外取締役に対しては外部の視点から中立な立場で業務執行の状況をチェックする役割を期待しているのである。

　このような位置づけから、社外取締役の要件が明確化され、近年では厳格化されつつあり、現在では会社法において、下記のように定義されている（会社法2条15号）。

イ	会社または子会社の業務執行取締役等ではなく、就任前10年間その会社または子会社の業務執行取締役でなかったこと
ロ	就任前10年以内にその会社または子会社の取締役、会計参与または監査役であったもの（業務執行取締役等は除く）については、その就任前10年間業務執行取締役等ではなかったこと
ハ	現在親会社の取締役、使用人等ではないこと
ニ	現在親会社の子会社等（兄弟会社）の業務執行取締役等でないこと
ホ	当該会社の取締役等の配偶者または2親等以内の親族でないこと

（資料）　日本総合研究所作成

　また、コーポレートガバナンス・コードの適用を受ける上場企業については、上記の社外取締役について厳格な独立性を要求している。なお、独立性

の要件については、コーポレートガバナンス・コードの補充原則では内容を明示せず、証券取引所等の基準を参照するかたちとなっている[14]。

(2) 社外取締役に求めるもの

一連のコーポレートガバナンス改革により、取締役会や取締役の執行状況をチェックする役割として、独立性を有する社外取締役が配置されること、そしてそれらの要件について前項では整理した。

しかしながら、これらの要件はあくまでも選任における第一のハードルにすぎない。むしろ、自社の企業価値を高めるうえで、どのような項目をチェックしてもらい、時には的確な助言を得たいのか、このことを明確にしたうえで、社外取締役の選定方針を検討すべきである。

以下では、社外取締役の担うべき機能と、その際に求められるケイパビリティについて整理する。

◆チェック機能

会社の業務執行についてのチェックを行う機能は、社外取締役に最も期待されるものであると想定される。実際に、会社法で規定される指名委員会等設置会社や、監査等委員会設置会社などにおける、監査委員会や指名委員会、報酬委員会などについては、社外取締役がイニシアティブをとってチェックすべきものである。

その際に重要なことは、社外取締役が「何をチェックするのか」ということを明確にすることである。具体的には、個別の内容についてその妥当性をチェックするのか、内容には踏み込まずプロセスの妥当性についてチェックをするのかということであり、どちらを期待するのかは会社の方針によるが、両者では求められる経験やスキルが異なることを理解したうえでの人選が必要となる。

14　たとえば、東京証券取引所では「上場管理等に関するガイドライン」において「独立役員の確保に関する実務上の留意事項（2015年6月改訂版）」でその基準を明示している。

第7章　取締役のあり方　173

◆助言機能

　チェック機能と並んで、社外取締役に期待される機能は、経営に対する助言である。トップマネジメントは中長期の経営方針をステークホルダーに示す必要がある。また、近年ではグローバル対応やM&Aに代表される大型の投資、事業に対する経営資源の集中と選択など、複雑かつインパクトの大きな意思決定をトップマネジメントが迫られることが増加している。このような経営方針の提示や、重要な意思決定に際しては、さまざまな視点から意見をもらうことは非常に有意義であるが、このような場合は、実際の経営経験が豊富な人間や、グローバルビジネスや投資マネジメントに通じた人間が社外取締役として適切であるといえる（図表7－13）。

　なお、チェック機能を重視する場合は、社外取締役については委員会のメンバーへの就任という観点からも、独立性がより重視される傾向にあるが、助言機能を重視する場合、委員会のメンバーへ就任する必要性も高くないため、独立性よりも経営経験や実務経験のほうが重要なファクターになると想定される。

図表7－13　社外取締役に求められるバックグラウンド

カテゴリー	プロセスのチェック	内容のチェック、助言
監査 （監査委員会）	公認会計士、CFO経験者など	CFOおよび類似事業の経験者
指名・報酬 （指名委員会、報酬委員会）	CEO・人事担当役員経験者、人事コンサルタントなど	CEO・人事担当役員経験者
経営方針、経営計画 （取締役会）	CEO・CFO経験者、公認会計士	CEO・CFOおよび当該事業の経験者
投資関連 （取締役会）	CFO経験者、公認会計士、金融機関出身者	CEO・CFOおよび当該事業の経験者

（資料）　日本総合研究所作成

(3)　社外取締役獲得に関する課題

　ここまでは、一定水準のガバナンスを構築するために、社外取締役が必要であることを説明してきた。また、その際において社外取締役がどのような資質を求められるかをあわせて整理した。

　一方、冒頭で示したとおり、社外取締役の選任状況については年を追うごとに率的にも絶対数としても増加しており、相対的に企業にとって有用な社外取締役を確保することが困難になりつつある。

　以下では、これらの状況のもとでの社外取締役の獲得に関する課題と、その解決の方向性について論じていく。

◆社外取締役の不足

　現在、コーポレートガバナンス・コードへの対応とも相まって、多くの企業において、社外取締役の確保が急務であるため、絶対数が不足している。このような状況下においては、当面の対策として、社外監査役からの横滑りなどで対応しているのが実情である。

　しかしながら、次項でも述べるが、これらの人材は、過去から付き合いのある監査法人や弁護士事務所の人員、取引先の経営幹部、支配株主からの転籍者、さらにはメインバンクからの転籍者などが多く、独立性の観点では適格要件から外れる可能性も存在する。

　また、コーポレートガバナンス・コードにおいてはダイバーシティを推進する観点から、女性や外国人の登用を推奨しているが、これについても絶対数として不足している状況である。

◆人材の偏り

　前段では数的な不足について触れたが、もう一つの課題は人材の偏りである。繰り返しになるが、独立性を重視すると、従来の社外取締役の重要な調達ルートであった、支配株主や取引先、金融機関などの出身者が、適格要件から外れる可能性が生じる。

　その結果として、独立性を担保できる社外取締役候補のバックグラウンドは、元官僚、大学教授などの研究者、弁護士、および会計士・税理士などに

集中することとなる[15]。

これらの人材が、不適格であるということではないが、プロセスだけではなく内容に踏み込んだチェックや助言を企業が求めた場合には、十分対応できるかという懸念を払拭することは困難である。

◆社外取締役の兼務

前出の課題とも連動するが、企業にとって独立性とケイパビリティの双方を兼ね備えた社外取締役を確保することは相当困難になっている。

その結果として、相当数の社外取締役を兼務する状況が発生している。たしかに兼務自体は、その社外取締役の能力を示しており、また兼務自体の明確なルールは存在していないので、直ちに非難されるものではない。

しかしながら、4～5社の社外取締役を兼務しているともなると、問題がないとはいえない。なぜなら、月に1～2度に取締役会・委員会が開催されるとなると、情報の事前収集やブリーフィングも同じ頻度で行われると想定される。これが4～5社分になれば、相当の負荷となると想定される。また、概して、取締役会・委員会や、株主総会の開催タイミングは、企業間で重複しがちとなるため、表面的な時間は確保できるようにみえても、1社当りに費やす時間や労力は、兼務になるほど限定的となる可能性が高い。

このような状況にかんがみて、図表7－14のように、一部の企業においては社内の規程として兼業の制限を定める動きもある[16]。

図表7－14　社外取締役の兼務の制限

会社名	制限の内容
ソフトバンク	数的な明示はないが制限をつけることを表明
日立グループ	自社以外に4社まで
旭化成	自社以外に3社まで
ホンダ	事前の承諾が必要

（資料）　各社開示資料をもとに日本総合研究所作成

15　正確な統計は存在しないが、社外取締役における上記の職種の占有率は4割程度といわれている。

社外取締役の人材マーケットは、現実問題としては売り手市場であり、制限を強化すると、優秀な候補が確保できなくなるリスクもある。また、一方で大手企業ほど、「有名人」を社外取締役に連ねる傾向もある。

　本来は、候補者の能力を適切に評価すれば、自社にフォーカスしてもらえる人選も可能になるので、これらの兼業のチェックと制限なども会社としては整備する必要が今後は出てくるであろう。

◆獲得手段

　繰り返しになるが、これまでの社外取締役の獲得手段は、支配株主や取引先、さらには金融機関に依頼するケースが多かった。また、トップマネジメントの個人的なネットワークからの獲得という企業も少なくはなかった。

　しかしながら、これらの獲得手段からでは独立性が担保できないという課題が発生しており、またトップマネジメント個人のネットワークも、実際に指名委員会に付議したときには異論が出る可能性がある[17]。

　また、これまでの獲得に際しては、十分に期待役割などを示さずに、あいまいなかたちでの依頼が多かったが、社外取締役の重要度などを考慮すると、今後は期待役割や業務範囲・負荷などを事前に明確化したうえでの依頼というプロセスになることが想定される。その意味では、通常のエグゼクティブ・サーチなどエージェントからの人材獲得と大差がないため、今後はそれらのエージェントに依頼することも想定して動くべきである[18]。

　ここまでは、近年のガバナンス改革のトレンドに即した社外取締役の役割と、その確保について、現状と課題を整理した。

　ガバナンス改革の流れでは、取締役や各種委員会における社外取締役の位置づけはますます重くなる。また、この結果として、意思決定や業務執行に

16　現段階で、社外取締役について兼業の制限を明確にしている上場企業は、全体の1割程度といわれている。

17　指名委員会などの社外取締役についての指名プロセスは、現段階では十分に整理されていない。

18　一方、社外取締役の年収は平均で1,000万円程度といわれており、エグゼクティブ・サーチのビジネス水準からはマーケットとして大きく発展しないともいわれている。

対する、適度な牽制や助言ができる人材の早期発見と囲い込みが重要になってくることはいうまでもない。

定期的に優秀な社外取締役を確保するためには、会社側として、社外取締役の機能と職責の明確化、およびそれに必要なスキルやノウハウを取りまとめて、形式化しておく必要がある。なお、これらは通常の取締役の指名プロセスと根本的には同じであるので、スキルマトリックスなどの社外取締役版などを整備することも重要である。

さらに、社外取締役の獲得と数的維持に関しては、当然のことながら社内にリソース（候補者）が存在しないので、複数のエージェントからこれらの情報を常に確保することや、利害関係の少ない他社数社と社外取締役の確保についての連携をするなどの施策を検討する必要がある。

なお、その他の留意事項として、社外取締役については、業界や会社について一定の理解をしつつ、新鮮な外部目線を持ち続けることが求められる。そのため、一定のサイクルで入替えをする必要があると思われるが、一方で、同時に退任すると適切なチェックや助言を受けることができなくなるリスクも存在する。その観点から、就任時期や期間について十分に配慮しながら、入れ替えていく計画を策定・管理していくことも重要である。

【参考文献】

首相官邸［2014］「『日本再興戦略』改訂2014—未来への挑戦」2014年6月

金融庁［2015］「コーポレートガバナンス・コード原案—会社の持続的な成長と中長期的な企業価値の向上のために」2015年3月

東京証券取引所［2017］「コーポレートガバナンス・コードへの対応状況（2016年12月末時点）」2017年1月

アジア・コーポレート・ガバナンス協会（ACGA）［2013］「『監査委員会』との比較における監査役会の役割と機能」2013年10月

Council of Institutional Investors［2014］*"Best Disclosure: Director Qualifications & Skills"*, February, 2014.

Prudential Financial, Inc.［2016］*"2016 Proxy Statement"*, April, 2016.

General Electric Company［2016］*"Notice of 2016 Annual Meeting & Proxy Statement"*, April, 2016.

Robert A.G. Monks and Nell Minow［2011］*"Corporate Governance Fifth Edition"*, December, 2011.

Financial Reporting Council［2014］*"The UK Corporate Governance Code"*, September, 2014.

High Pay Centre［2013］*"Leading or Lagging?: Where Does The UK Stand In The International Debate On Top Pay?"*, June, 2013.

国際統合報告評議会［2015］「国際統合報告フレームワーク日本語訳」2015年3月

Aspen Institute［2011］*"Rethinking "Shareholder Value" and the Purpose of the Firm"*, October, 2011.

Francois Brochet, Maria Loumioti, George Serafeim［2015］*"Speaking of the Short-Term: Disclosure Horizon and Managerial Myopia"*, March, 2015.

CYBERDYNE［2016］「平成28年3月期有価証券報告書」2016年6月

小林喜光［2016］「AI・IoT革命とKAITEKI会社・SAITEKI社会」証券アナリストジャーナル、2016年12月

第 8 章

取締役会のあり方

企業におけるガバナンスの根源は人であり、素養のある人材を取締役に配するのが重要というのは、第7章で述べたとおりである。他方、企業の意思決定と牽制についての多くは、組織によってなされることも見逃せない。会社法ではこれらの組織を、会社機関と称し、取締役会や各種委員会などで具体的に定義しており、さらにコーポレートガバナンス・コードにおいて、これらの取締役会、各種委員会の実効性の向上を促している。

　本章では、これらをふまえて、取締役会の実効性向上の基本要件に触れるとともに、さらなる実効性の向上を目指して、議論をどのように活性化させるか、いかにして外部性を有効に活用するかについて論じる。さらに、取締役会の実効性を担保するために、取締役会の有効性をどのように評価するかについて事例を交えて解説する。

1　取締役会の実効性向上

(1)　取締役会の機能

　取締役会の実効性に関する議論の前提として、取締役会の果たすべき機能についてあらためて整理する。

　まず会社法における規定では、第7章で述べたとおり以下二つの機能があるとされている。

① 　意思決定機能

② 　監督機能

　また、コーポレートガバナンス・コードでは次のように規定されている。

> **【基本原則4】**
>
> 上場会社の取締役会は、株主に対する受託者責任・説明責任を踏まえ、
> 会社の持続的成長と中長期的な企業価値の向上を促し、収益力・資本効
> 率等の改善を図るべく、
>
> (1)　企業戦略等の大きな方向性を示すこと
>
> (2)　経営陣幹部による適切なリスクテイクを支える環境整備を行うこと
>
> (3)　独立した客観的な立場から、経営陣（執行役及びいわゆる執行役員を
> 　　含む）・取締役に対する実効性の高い監督を行うこと
>
> をはじめとする役割・責務を適切に果たすべきである（後略）

（資料）「コーポレートガバナンス・コード」（東京証券取引所）(http://www.jpx.co.jp/
　　　equities/listing/cg/tvdivq0000008jdy-att/code.pdf)

(2)(3)は監督機能を構成する要素ととらえることができるが、ここで重要な
ことは(1)で企業戦略を示すことを求めている点である。経営戦略や経営計画
等は取締役による業務執行の決定やその監督のための指針・基準となるもの
であり、取締役会の職務遂行の前提となるものであるといえる。

つまり、取締役会の役割とは、企業戦略の大きな方向性を示し、その戦略
を指針として「意思決定機能」および「監督機能」の二つを果たすこと、と
整理できる。取締役会の実効性とは、これらの機能がバランスよく十分に果
たされていることを指すといえるだろう。

(2)　形骸化する取締役会とその背景

コーポレートガバナンスにおいて最も重要な役割を担うべき取締役会であ
るが、その実態はどうであろうか。筆者が実際にさまざまな企業から話をう
かがうなかでよく聞くのが、取締役会が形骸化しているとの指摘である。そ
こでいう形骸化とはたとえば次のような状況である。

・取締役会の議題が多すぎて一つひとつの議題の中身について十分に議論で
　きていない。

・取締役会の直前に経営会議が開かれ、そこにまったく同じ議題が上程され、取締役会ではそれを追認するだけとなっている。
・各取締役は自身の所管領域以外について積極的に意見を表明することなく、意思決定は実質的に議長である社長に委ねられている。
・社外取締役からはほとんど意見が出されない。

これでは意思決定機能も監督機能も実効性があるとはいえない状況である。もちろんすべての企業がこうというわけではないが、決して特異な例ではないだろう。

また、上場企業へのアンケート調査で、取締役会において経営戦略に関する議論が不足していると回答した企業が多いという結果がみられる（図表8－1）。取締役会の機能遂行の前提となる経営戦略について十分に議論できていない状況では、意思決定機能や監督機能が実効的に果たされることは望むべくもない。

しかし、こうした状況が望ましいものでないことは当の会社側も認識して

図表8－1　取締役会の議題に関するアンケート結果

Q　取締役会で議論が不足しているとお考えの分野についてご教示ください。上位三つに入るテーマを選択してください。（回答企業数874社）

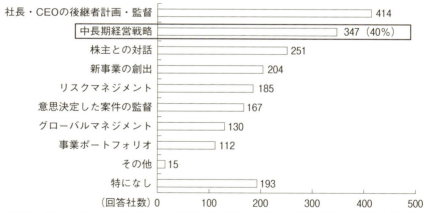

（資料）「コーポレートガバナンスに関する企業アンケート調査結果」（経済産業省）
　　　　（http://www.meti.go.jp/press/2016/03/20170310003/20170310003.html）をもとに日本総合研究所作成

いるのである。それでもこうした状況になってしまう、そこにはいくつかの要因がある。

◆**取締役会の議題が多すぎる**

取締役会の開催は月１回か２回、１回の時間は１～２時間程度というのが一般的である（図表８－２）。

限られた時間のなかで審議できる案件はさほど多くないが、少額の投資案件や従業員の個別人事、軽微な組織改編などまで取締役会に付議されるという会社もある。付議される案件が多いために一つひとつにかけられる時間は少なく、実態として取締役会でその内容を審議することが不可能という状況である。

図表８－２　取締役会の開催に関するアンケート結果
Q　直近事業年度（１年間）における取締役会の開催回数をご教示ください。
（回答企業数870社、未回答企業数４社）

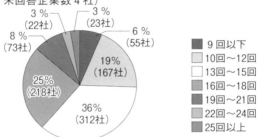

Q　取締役会１回当りの平均的な所要時間をご教示ください。（回答企業数874社）

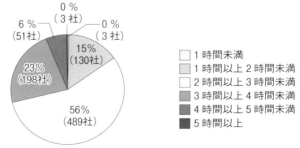

（資料）「コーポレートガバナンスに関する企業アンケート調査結果」（経済産業省）
　　　（http://www.meti.go.jp/press/2016/03/20170310003/20170310003.html）をもとに
　　　日本総合研究所作成

第８章　取締役会のあり方　185

この背景の一つには会社法の規定もあると考えられる。会社法362条4項各号に列挙された事項を含む「重要な業務執行の決定」は取締役会への上程が必須とされる（ただし、一定の要件のもとで取締役への委任が可能な場合がある）。会社法ではその具体的な要件（たとえば定量的な目安等）は示しておらず、「重要な業務執行の決定」に該当するか否かは、個別具体的に判断されるものとなっている。

　具体的な基準がないためにこの規定を保守的にとらえ、できるだけ取締役会に付議するという方針をとっている会社も多いと思われる。

　この点はさらに掘り進めて考えれば、各業務執行取締役への権限委譲の範囲が明示されているかといったことや、指名・報酬などのルールを含め適切なリスクテイクを支える環境が整っているかといったことにまでつながっており、取締役会改革の重要なテーマの一つとなっている。

◆意思決定プロセスにおける取締役会の位置づけがあいまい

　先に述べたように、取締役会の直前に経営会議を開き、そこでは取締役会とまったく同じ議題が審議・決定され、その後の取締役会は単にそれを形式上追認するだけという運営をしている会社は決して珍しくない。これは建前としては、取締役会が効率的に運営できるよう事前に論点整理や意見集約しておくためであるとか、取締役会と経営会議とはメンバーが異なるので別の視点から再度検証できる、といったような意見もある。しかしそれがどこまで意味があることなのかは疑問である。そもそも、取締役会と経営会議とはメンバーがほぼ同じであり、違うのは取締役会には社外取締役がいることだけという会社も多い。そうなると経営会議で審議・決定した事項について取締役会であらためて議論など起こるはずもないし、決定が覆ることも考えにくい。せいぜい社外取締役からいくつか質問や意見が出されるだけということになるだろう。このような状況は単に重複した会議を開いて形式上取締役会決議を行っているという実績づくりのようなものでしかなく、運営の負荷もかかるし、取締役会の機能も形骸化しているということになる。

　問題はこうした状況が意図的につくりだされている場合もあるということだ。たとえば、取締役会は実質的に審議する場でないため、想定外の議論や

差戻し、結論が覆ることなどがあってはならないという意識である。また、社外取締役にあまり口を挟んでもらいたくないという心理からあえて上記のような運営にしている場合もあるのではないかと思われる。

いずれにしても根底にあるのは、取締役会と他の意思決定機関（経営会議、常務会など）との役割の違いがあいまいになっていることであろう。メンバーが重複することも多いため、意識しなければそれぞれの位置づけはあいまいになりがちである。この問題は、取締役会をどうするかということだけではなく、そもそも社内の意思決定プロセスをどう設計するかという、より大きな視点からの検討が求められるところである。

◆取締役の役割定義が不明確

これは第7章でも触れたことであるが、取締役の役割が明確になっていないことも取締役会の実効性を阻害する要因となる。特に業務執行取締役が多くを占める日本企業の取締役会において、個々の取締役の役割は各所管領域を統括することであるという意識は強く、他の取締役が担当する分野について口出しするのは憚られるといった雰囲気もある。取締役の重要な役割として「監督機能」があるという認識が薄いのが実情であろう。

この点については、取締役就任時に期待役割を明確に伝え認識してもらうことの徹底や、各取締役が「監督」の視点で審議に参加することを取締役会議長が意識的に促すなどの対応が必要となる。

◆社外取締役の活用が不十分

社外取締役は、意思決定における専門家としてのアドバイスや、監督機能における透明性・客観性の向上など、取締役会の視野を広げるとともによい意味での緊張感をもたせるという点において取締役会機能の実効性を担保するのに非常に有用な存在である。ただ、月1回か2回の取締役会のみに参加する社外取締役にとって、その場で案件の審議にかかるさまざまな情報をインプットし理解し、それに対して適切な意見を述べるには限界がある。ましてや事前の経営会議ですでに論点整理されて結論が出ている事項について、あらためて情報を求めることや結論に疑義を呈するといったことはなかなかしにくいものと思われる。せっかく社外取締役が参加しているにもかかわら

ず実質審議に参加していないという状況があるとすれば、いかにももったい
ないことであるし、社外取締役の導入を促進しようとしているコーポレート
ガバナンス・コード等の理念にもそぐわない。

　会社として本気で社外取締役を活用しようとするのであれば、事前の情報
伝達や意見聴取等のサポート体制をしっかりと整えることはもちろん、取締
役会の場で実質的な審議を行うようなプロセスや雰囲気を醸成することも必
要となる。

　もちろん意図的に社外取締役をないがしろにしようとするような会社があ
るとすれば論外であるが、実態としては次に述べるような社内における権限
構造などから、社外取締役の活用に消極的な会社も存在すると思われる。

◆指名・報酬の実質権限が社長に集中している

　取締役会が監督機能を発揮するため、監督の結果が取締役の指名・報酬決
定に連動することが重要な要素の一つである。監督の目的は各取締役の職務
の適正な遂行を担保することであり、仮に不適と判断される状況がみられる
場合、報酬の減額や解任などの手段で軌道修正を促すこととなる。取締役の
人事に関する権限を握っていることが取締役会の監督機能の実効性の裏付け
になっているといえる。

　ところが、そもそもこの指名・報酬の決定権を取締役会が実質的には有し
ていないという状況も一部の会社でみられる。ではだれがその権限を握って
いるのかといえば、会長や社長などの経営トップである。取締役指名案は社
長がつくり取締役会では形式的に承認するのみという会社や、取締役個々の
評価・報酬についても同様に社長に一任という会社もある。これは、社内昇
格者を中心とする取締役会のなかで上司・部下という関係を引きずっていっ
た結果として慣習的にそうなったとみることもできるし、社長自らが自身の
権威の裏付けとして指名・報酬の決定権を握るような運営をしてきた結果と
いう可能性もある。

　このような状況でいちばんの問題は、社長に対する適切な牽制が働かない
ということである。社長に過度に権限が集中した結果、経営の暴走や不正会
計等の不祥事を招くという事例は度々起きている。理想論としては各取締役

が個々の責務として社長の適性についても監督する機能を果たすべきといえるが、現実論として社内昇格の取締役にそれを期待することはむずかしい場合もある。

社外取締役導入の大きな意義の一つはここにある。取締役候補や社長の後継者を構想すること自体は社長の役割として当然のことであるが、そこに対する牽制を働かせることや社長自身の適性を問うていくことは、やはり社外者であるからこそ果たせる役割の一つといえる。

もう少し踏み込んでいえば、だからこそ社外取締役の導入に消極的な経営者も存在したということがこれまで社外取締役導入が進まなかった要因の一つにあるのだろう。そこまでいけばもはや経営者としてのモラルの問題に近くなってくるのであるが、ひとまずはコーポレートガバナンス・コードや会社法改正等の後押しで導入が進んでいるというのが実態である。一通りかたちが整った後、そこに魂が宿るかどうかは最後には経営者の意識にかかっているといえる。

(3) 取締役会が目指すべき方向

ここまで取締役会の形骸化の問題とその背景について述べてきたが、次に取締役会が目指すべき姿について検討したい。

取締役会のあり方としては一般的に三つのタイプに分けることができる。

① マネジメント型（オペレーション型、アドバイザー型などともいわれる）……取締役会は業務執行の決定を主たる役割とする。

② モニタリング型……取締役会は取締役等の職務に対する監督を主たる役割とする。

③ ハイブリッド型……取締役会は業務執行の決定および取締役等の監督の両方を役割とする。

この点に関して、これまで日本では多くの会社がどちらかといえば業務執行の決定に重きを置くタイプ（上記①）をとってきたといわれている。経済産業省の主催による「コーポレート・ガバナンス・システムの在り方に関する研究会」から公表された報告書では以下のように指摘されている。

●取締役会の機能としては、基本的な経営戦略や経営計画を決定することに加え、
・指名や報酬の決定を通じて業務執行を評価することによる監督（「監督機能」）
・業務執行の具体的な意思決定（「意思決定機能」）
の二つがある。すなわち、取締役会は監督機能と意思決定機能の双方を果たす。
●この点、我が国の取締役会は、主として意思決定機能を果たす場合が多かった。

（資料）「コーポレート・ガバナンスの実践―企業価値向上に向けたインセンティブと改革」（経済産業省）（http://www.meti.go.jp/committee/kenkyukai/sansei/corporate_gov_sys/report_001.html）

このスタイルは、欧米では監督機能を主体とするモニタリング型が主導的であることと比較して日本企業の経営の特徴の一つとされており、その是非について議論の対象となってきた歴史がある。

第7章でも述べたように、社内昇格の取締役や監査役制度などの日本企業特有の要因が複合的に絡まり、業務執行の決定を中心とする取締役会のスタイルや機関設計が構築されてきたものと考えられる。そのことの是非についてはさまざまな意見があるところと思われるが、一般規範として示されている方向性は明確にモニタリング型を志向している。それは必ずしも完全に監督機能のみに特化した取締役会を目指すということではないが、少なくとも監督機能をより強化すべきことが課題として指摘されている。上述の「コーポレート・ガバナンス・システムの在り方に関する研究会」報告書にも以下のような記述がある。

●もっとも、世界的な潮流における取締役会は、基本的な経営戦略や経営計画を決定することを前提に、主として監督機能を果たすことを想

定しており、コーポレートガバナンス・コードにおいて、我が国の取締役会においても、機関設計を問わず、同様の機能を強化することが求められている。

●取締役会が監督機能を発揮する場合においては、企業の基本的な経営戦略や経営計画を踏まえて、

　・経営者が適切な努力を怠ったときには、経営者の交代も含めて厳正に対応することが必要となる。

　・他方で、経営者が適切に努力したときには、その努力を積極的に評価し、経営者がコントロールできない外性的な要因に基づく一時的・情緒的な批判から経営者を保護することも、同様に必要となる。

●このような監督機能の活用により、中長期的な企業価値の向上に向けた経営者の果断な意思決定を後押しすることが可能となる。

(資料)　「コーポレート・ガバナンスの実践―企業価値向上に向けたインセンティブと改革」（経済産業省）（http://www.meti.go.jp/committee/kenkyukai/sansei/corporate_gov_sys/report_001.html）

　もっとも、日本においても従前よりモニタリング型を志向する会社も存在する。その典型は、機関設計として指名委員会等設置会社を選択している会社である。指名委員会等設置会社において、取締役会は、指名委員会・監査委員会・報酬委員会という三つの委員会で構成されることで監督機能に特化し、業務執行については執行役が担うかたちとなる。

　しかし、多くの会社にとって指名委員会等設置会社への移行はハードルが高いというのが現実である。その理由は、取締役会のあり方や監督機能に係る権限の所在を大きく変えること、それら権限を社外取締役が中心となる各種委員会に委ねることへの心理的抵抗、運営のための負荷が大きいこと、などである。また、各種委員会はその過半数を社外取締役によって構成する必要があるが、適任の社外取締役を確保できるかという人材の問題もある。指名委員会等設置会社を選択している会社のなかにも、各委員が兼任になって

第8章　取締役会のあり方　191

いたり、取締役が執行役を兼任していたりといったかたちで、理念と実態とが完全には整合していないように見受けられるケースも存在する。監査等委員会設置会社が新たに制度化された背景にもこうした理想論に対する現実的な問題があったものと考えられる。

したがって多くの会社にとっては、ハイブリッド型の取締役会を志向しつつ、そのなかでも監督機能の強化を漸進させていくというのが当面の現実解であると考えられる。

もちろん、監査役会設置会社や監査等委員会設置会社においても監督機能を強化していく方策はいろいろと考えられるし、そのためのモデルもコーポレートガバナンス・コード等で示されている。こうした監督機能の強化を含む取締役会の実効性向上のための取組みについて次項で整理する。

⑷　実効性を向上させるための取組み

取締役会の実効性を阻害する各種の要因は相互に関連しており、対症療法的に部分的に解決していこうとしてもなかなか根本的な解決にはつながりにくい。取締役会のあり方を見直そうとすると、経営会議等の他の意思決定プロセスとの関係も見直す必要があるし、個々の取締役の権限範囲にも影響が及ぶ。また、それらの運営事務も具体的に修正する必要が出てくる。つまみ食い的に取り組もうとしても、検討の過程で結局は関連するさまざまな問題に突き当たり、止まってしまう可能性が高い。ガバナンスの中枢である取締役会を変革しようと思えば、関連テーマの全体像を整理し、具体的な実行手順にまで落し込んだ基本計画を用意したうえで実行に移すことが望ましい。

そこで、取締役会の変革に関連するテーマとそれらをどういった順序で検討すべきかということを次に考えたい。会社ごとに、どこまで既存の仕組みが整備されているかということや、ガバナンス上の課題がどこにあるのかといったことが異なるため、必ずしも一般論として整理しきれるものではないが、筆者が実際に顧客企業と改革に取り組んだ事例等をもとに一つのモデルとして整理する。そのテーマと検討の順序は以下のとおりである。

① 取締役会の位置づけの明確化

② 取締役会付議事項の見直し（取締役への権限委議）

③ 取締役会以外の意思決定機関の見直し

④ 任意の諮問機関の設置検討

⑤ 取締役の役割再定義

⑥ 取締役会有効性評価の仕組み構築

⑦ 運営事務の具体化

　以下、個別テーマについて取組みの方向性を整理する。

①　取締役会の位置づけの明確化

　取締役会改革に取り組むうえでまず検討すべきは、どのような取締役会にしていきたいかという方針を明確にすることである。その際の論点として以下の二つを検討することが必要となる。

　一つは「監督機能の強化」である。これは日本企業の普遍的な課題とされ、コーポレートガバナンス・コードをはじめとして目指すべき方向として示されているものである。監督機能の中心となるのは経営陣の職務執行のチェック・牽制であり、その帰結としての取締役等の指名・報酬決定の仕組みである。どのように監督機能を強化していくかという議論は、後に出てくる「任意の諮問機関の設置検討」や「取締役の役割再定義」といったテーマに展開され具体化していくこととなる。

　もう一つは取締役会における「審議の実効性向上」である。取締役会は実質審議する場ではなくなっているような会社も見受けられるが、それでは取締役会の存在意義があいまいになってしまうし、取締役による監督機能も働きにくくなる。取締役会は企業戦略をはじめとする経営の重要事項について決定する役割をもっており、その役割を果たすためには、取締役会としてきちんと議論が行える体制をつくることが必要である。この点は次に出てくる「取締役会付議事項の見直し」につながっていく。

　この二つの方向性について会社としてどう取り組むかを明らかにすることで、取締役会改革のコンセプトを定め、共通認識としてもつことがまず重要である。

② **取締役会付議事項の見直し（取締役への権限委譲）**

取締役会における監督機能の強化、審議の実効性向上というコンセプトを実現するために次に課題となるのが、取締役会の議題をいかに削減するかということである。付議する案件をできるだけ減らし、その時間を重要事項の審議に充てるという考え方であり、すでに多くの企業がこの課題に取り組んでいる（図表8－3）。

この場合、付議事項自体の削減と、付議基準の引上げ（たとえば「投資額●円以上」というときの金額基準など）の二つの方法が想定される。前にも触れたように、付議事項の削減にあたっては会社法の規定に留意が必要である。「重要な業務執行の決定」の範囲は個別具体的に判断されるとされ、会社としての目線を定める必要がある。

またもう一つの観点として、取締役会への付議事項を削減するということは、業務執行取締役への権限委譲の範囲を広げるということでもある。ここで重要なのは、単に権限範囲を広げるということではなく、その範囲の事項については、所管取締役の責任において決定するという運用を徹底することである。取締役会の役割を見直すことの裏返しとして、個々の取締役の責任がより厳格に規定されることになる点について意識づけをすることが必要と

図表8－3　取締役会の付議事項見直しに関するアンケート結果
Q　コーポレートガバナンス・コード導入後の1年間で、取締役会の重要な業務執行の範囲や取締役への委任の範囲の見直し状況についてご教示ください。（回答企業数874社）

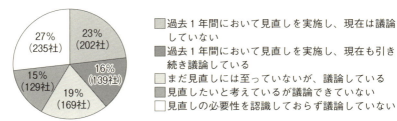

（資料）「コーポレートガバナンスに関する企業アンケート調査結果」（経済産業省）
　　　（http://www.meti.go.jp/press/2016/03/20170310003/20170310003.html）をもとに日本総合研究所作成

なる。

③　取締役会以外の意思決定機関の見直し

　ここでいう意思決定機関とは、経営会議や常務会といった経営レベルでの会議体などを指す。取締役会が形骸化する要因の一つとして、経営会議等が実質的な意思決定の場となっており、取締役会は実態としてそれを追認する機関となっているといった例が少なからず見受けられる。いうまでもなく、こうしたケースでは取締役会に実効性はないし、重複審議のためのムダも多いといえる。

　これを是正するための一つの方策は、取締役会と経営会議等との議題を明確に分け、重複審議をできる限り避けることである。経営会議で取締役会への上程可否の判断や論点整理をしているといった状況もあるとは思うが、上程可否は付議基準をもとに判断すればよいことであるし、論点整理などは実質審議の一環として取締役会のなかで時間をかけて行うべきであるとも考えられる。効率性の問題は別として、そうした議論の過程で社外取締役の理解も深まるであろうし、取締役会で審議することの意味が明確になるのは間違いない。このような運用にした場合、審議の差戻しの発生や会議時間が長くなることなども想定されるが、議題自体が取締役会で審議すべき重要事項に絞り込まれているという前提があれば、それは本来的に取締役会のあるべき姿であると考えられる。

　もう一つ検討すべきは、こうした場合の経営会議等の位置づけである。もう少し具体的にいえば、業務執行に係る決定権限をもつのはだれか、ということである。業務執行の決定を行うのは原則的に取締役会もしくは業務執行取締役であるという前提に立てば、やや極端ではあるが、経営会議等はなくても業務執行に滞りはないという考え方もできる。ある会社では、決裁権限はすべて取締役会もしくは業務執行取締役にあり、経営会議はあくまでも業務執行取締役の意思決定をサポートする諮問機関であるとし、明確に位置づけを見直した例もある。

　このような取組みを行う場合には運営事務についても大幅な見直しが必要となるため、試行プロセスなども含め、十分な準備期間を確保することが望

第8章　取締役会のあり方　195

ましい。

④ 任意の諮問機関の設置検討

監査役設置会社や監査等委員会設置会社においても、任意の指名委員会や報酬委員会を置くことで監督機能をより強化することが可能である。

こうした任意機関を置く場合、社外取締役を中心とした構成とすることが一般的であるが、この場合の利点は検討の過程で客観的な指名・報酬のプロセスが整備されることである。社外取締役に取締役候補や役員報酬を検討してもらうためには、内部事情に精通していなくてもその決定プロセスの妥当性を客観的に判断するための基準が必須となる。結果として、社外の目を通すということに加えて、より客観的かつ透明性の高いプロセスによる監督が行われることとなり、実効性の向上につながるのである。

⑤ 取締役の役割再定義

これは第7章1（128ページ）で述べたことであるためここでは細かい説明は省略するが、取締役会の実効性を担保するうえで各取締役がそれぞれの役割を自己認識することは必須である。

取締役会の位置づけと任意機関も含む機関設計が固まると、取締役個々の役割についてより具体化することが可能となるため、取締役選任基準や報酬決定のための評価基準なども連動するかたちで各取締役の期待役割を明確にすることが求められる。

⑥ 取締役会有効性評価の仕組み構築

取締役会有効性評価についてはコーポレートガバナンス・コードにも規定されているように、取締役会の継続的な改善を行ううえで有用な取組みである。日本ではコードを受けて取組みが普及しつつあるが、各社ともまだ試行錯誤の段階にあると思われる。手法や評価結果の開示スタンスは会社によってさまざまであるが、社外取締役を含む各取締役が自己評価を行うとともに、運営に関する問題や意見について十分に吸い上げるための仕組みとして活用すべきである。

これは本章4（224ページ）のテーマであるため、詳細はそちらで述べることとする。

⑦ **運営事務の具体化**

　ここまであげてきたテーマに取り組んでいった場合、取締役会の運営そのものが従来とは大きく変化することが想定される。たとえば、付議事項の判断、承認プロセス、各会議体の事務局、審議に必要な情報、開催プロセス・頻度・時間など、再設計が必要な事項は多岐にわたる。各種規程類の修正・整備も必要となる。人的リソースも勘案しつつ、試行プロセスを経ながら体制を整備していくことが求められる。

　また、実効性という観点からは、たとえば取締役会や各委員会等の事務局の一元化なども検討すべきである。組織の壁や人的リソースの問題はあるとしても、情報連携や取組みの一貫性という意味で、できる限り体制は一元化していくというのも一つの方向性である。

(5)　経営者の自律的意識の重要性

　ここまで、特に日本企業において取締役会の実効性が不十分であるといわれてきた背景や、改革の方向性について述べてきた。すでにこれらの取組みは多くの企業で始まっており、取締役会のあり方は今後大きく変わっていくことが期待される。しかし、ガバナンスの実効性を決定づける重要な要素としてもう一つ忘れてはならないのが、経営者自身の意識である。

　歴史的にコーポレートガバナンスの議論が発展してきた背景には、株主が徐々に分散し相対的に経営者の支配力が強まるなかで経営者の暴走をいかに防ぐかといった「守り」の観点が強かった面は否めない。近年のガバナンス改革の潮流も、経営者の主体的な意思というよりは、会社法改正やコーポレートガバナンス・コードといったある意味で外圧的な要因をきっかけとして大きく動き出したのも事実である。

　外形的な仕組みを整えていくことで経営の客観性・透明性が増し、ガバナンスの実効性向上に資するのは間違いないことだろう。一方で、これらの仕組みを実際に構築していくのは株主でも債権者でもなく経営者自身であるという点に留意が必要である。経営の客観性・透明性を増すということはステークホルダーにとって望ましいものであることは間違いないが、経営者に

とっては自身を監督する目が厳しくなるということでもある。その仕組みを経営者自身が主導して構築していく過程で、ともすると外形だけ整えて中身を形骸化させようとする意識が働かないとは言い切れない。そうなったときに外形的なルールだけで規律を担保しようとすることには限界があるし、それではいつまでたってもルール強化とそれに対する外形的対応とのいたちごっこにしかならない可能性がある。

　取締役会を中心とするコーポレートガバナンスの実効性を担保するのは、最後にはやはり経営者自身が前向きに自身を律しようとする意識に尽きると思われる。経営者がコーポレートガバナンスの仕組みを「監視の目」ととらえるか「自制の具」ととらえるかによって、その実効性は大きく左右される。もちろん、会社を悪くしよう、食いものにしようなどという経営者は基本的に存在しないはずであり、そうした単純な悪意を懸念しているわけではない。問題は、度々起こる不祥事等の背景に、会社のためを思う結果として一般的な倫理から外れた行為が行われる場合があるということである。会社に対する善意が必ずしも正しい行為ばかりに結びつくとは限らないし、状況によっては経営者自身がその判断を誤る可能性もある。そうしたときに、客観的な目から経営者を律する仕組みがあることは、経営者自身にとっても非常に有益なことなのである。

　多くの経営者は自律的意識をもっておられることは間違いないであろうし、外形的な仕組みが整っていく過程でより意識が強まっていくということも期待できる。ガバナンス改革に取り組もうとされる会社においては、そこに自律的意識がきちんと備わっているかを常に問いかけながら推進することが必要であると考えられる。

2　取締役会における議論の活性化のために

(1)　ガバナンス・コードの基本原則2をめぐる議論

　2015年6月から適用された、わが国のコーポレートガバナンス・コード
は、その基本原則2に「株主以外のステークホルダーとの適切な協働」を掲
げる特徴的な内容を有している。

　具体的には「上場会社は、会社の持続的な成長と中長期的な企業価値の創
出は、従業員、顧客、取引先、債権者、地域社会をはじめとする様々なス
テークホルダーによるリソースの提供や貢献の結果であることを十分に認識
し、これらのステークホルダーとの適切な協働に努めるべきである。取締役
会・経営陣は、これらのステークホルダーの権利・立場や健全な事業活動倫
理を尊重する企業文化・風土の醸成に向けてリーダーシップを発揮すべきで
ある。」というのが、その記述である。本節では、ここで述べられる「ス
テークホルダーの権利・立場や健全な事業活動倫理を尊重する企業文化・風
土の醸成に向けてリーダーシップを発揮」するには、どうしたらよいのか
を、「取締役会における議論」をテーマに、考えてみることとしたい。

◆基本原則2の個別原則と補充原則

　コーポレートガバナンス・コード基本原則2には、まず、「考え方」とし
て以下のような記述が置かれている。

　上場会社には、株主以外にも重要なステークホルダーが数多く存在す
る。これらのステークホルダーには、従業員をはじめとする社内の関係
者や、顧客・取引先・債権者等の社外の関係者、更には、地域社会のよ
うに会社の存続・活動の基盤をなす主体が含まれる。上場会社は、自ら
の持続的な成長と中長期的な企業価値の創出を達成するためには、これ
らのステークホルダーとの適切な協働が不可欠であることを十分に認識
すべきである。また、近時のグローバルな社会・環境問題等に対する関

第8章　取締役会のあり方　199

心の高まりを踏まえれば、いわゆるESG（環境、社会、統治）問題への積極的・能動的な対応をこれらに含めることも考えられる。

（資料）「コーポレートガバナンス・コード」東京証券取引所

　さらには、2−1.中長期的な企業価値向上の基礎となる経営理念の策定、2−2.会社の行動準則の策定・実践、2−3.社会・環境問題をはじめとするサステナビリティーを巡る課題、2−4.女性の活躍促進を含む社内の多様性の確保、2−5.内部通報の個別原則を置いている。

　取締役会との関連でいえば、2−2.について「取締役会は、行動準則の策定・改訂の責務を担い、これが国内外の事業活動の第一線にまで広く浸透し、遵守されるようにすべきである」とされ、その補充原則で「取締役会は、行動準則が広く実践されているか否かについて、適宜または定期的にレビューを行うべきである。その際には、実質的に行動準則の趣旨・精神を尊重する企業文化・風土が存在するか否かに重点を置くべきであり、形式的な遵守確認に終始すべきではない」と述べられている。

　同様に、2−3.についての補充原則では「取締役会は、サステナビリティー（持続可能性）を巡る課題への対応は重要なリスク管理の一部であると認識し、適確に対処するとともに、近時、こうした課題に対する要請・関心が大きく高まりつつあることを勘案し、これらの課題に積極的・能動的に取り組むよう検討すべきである」と述べられている。

◆イギリスのガバナンス・コードとの違い

　企業の複数のステークホルダーのなかで、株主はコーポレートガバナンスの規律における主要な起点であることは言をまたない。このため、わが国のコーポレートガバナンス・コードにおいても、基本原則1に「株主の権利・平等性の確保」を掲げて、「上場会社は、株主の権利が実質的に確保されるよう適切な対応を行うとともに、株主がその権利を適切に行使することができる環境の整備を行うべきである」とするとともに、基本原則4において「上場会社の取締役会は、株主に対する受託者責任・説明責任」を負うことに言及している。

200

ここで、わが国のコーポレートガバナンス・コードを作成する際、参照されたと伝えられるイギリスのコーポレートガバナンス・コードに目を転じると、興味深い事実に気づかされる。イギリスのコーポレートガバナンス・コードの構成は、基本原則Ａ／リーダーシップ、基本原則Ｂ／効率性、原則Ｃ／説明責任、原則Ｄ／報酬体系、原則Ｅ／株主との関係の五つとなっており、日本のもののように「株主以外のステークホルダーとの協働」には言及されていない。

　イギリスのコーポレートガバナンス・コードでは「ステークホルダー」という用語すら、１カ所にしか出現しない。それは緒言（Preface）のなかで、取締役の多様性の重要性が解説されている部分であって、「取締役会構成の多様性は、鍵となるステークホルダーと効果的なエンゲージメントを確保するのにきわめて重要である」（it is very important in ensuring effective engagement with key stakeholders）というものである。

　こうした観点からも、「株主以外のステークホルダーとの適切な協働」を掲げる点は、わが国のコーポレートガバナンス・コードの大きな特徴といってよいであろう。

◆策定に至る議論の経緯

　わが国のコーポレートガバナンスに関する議論は2009年に金融庁金融審議会「我が国金融・資本市場の国際化に関するスタディグループ」、経済産業省「企業統治研究会」、東京証券取引所「上場制度整備懇談会」がそれぞれに報告書をまとめ、12月に東京証券取引所が「上場会社コーポレート・ガバナンス原則」の改訂版を公表するに至り、一つの節目がつくられたと考えられる。ここでは、2004年公表の「OECDコーポレート・ガバナンス原則」がおおいに参考にされた。

　2009年改訂の「上場会社コーポレート・ガバナンス原則」は、その第１項に「株主の権利」を置き、「上場会社のコーポレート・ガバナンスには、株主の権利を保護することが期待されている。コーポレート・ガバナンスは株主を起点として構成されている。会社には株主以外にも従業員・債権者・取引先・顧客・地域社会など様々なステークホルダー（利害関係者）が存在

第８章　取締役会のあり方　201

し、それらとの円滑な関係なしには企業活動から継続的に利潤を生み出すことはできないが、資本市場の視点から見ると、コーポレート・ガバナンスの要は、資本の提供者たる株主である」という記述がされている。この時点での議論は、「株主の権利」がより重視されるべきであるという見解が、有力であったといえる。

ただ、興味深いのは、日本経団連は2009年4月に公表した「より良いコーポレートガバナンスを目指して（主要論点の中間整理）」において、「長期的な企業価値向上のためには、企業の公正性と効率性をともに確保する仕組みとしてのコーポレート・ガバナンスが健全に機能することが不可欠である。また、コーポレート・ガバナンスの充実に向けた取り組みは固定的に考えるべきではなく、それぞれの企業を取り巻く環境変化や、株主、従業員、取引先、顧客などの国内外の多様なステークホルダーに配慮した経営を行う中で、常に改善していくべきものである」と「多様なステークホルダーに配慮した経営」にも一定の言及を行っている点である。

2013年6月に、アベノミクスの具体的施策を示す「日本再興戦略」が発表された。このなかには、「株主等が企業経営者の前向きな取組を積極的に後押しするようコーポレートガバナンスを見直し、日本企業を国際競争に勝てる体質に変革する」という一文が盛り込まれ、「国内の証券取引所に対し、上場基準における社外取締役の位置付けや、収益性や経営面での評価が高い銘柄のインデックスの設定など、コーポレートガバナンスの強化につながる取組を働きかける」とする方針が明記された。

こうした方針は、日本経済を継続的な成長軌道に乗せていくためには、ミクロの企業レベルでの競争力を強化し、その収益力（稼ぐ力）を高めていくことが急務であるという認識に結びつき、資本効率と企業価値の向上が日本の国富を維持・形成するための鍵だとする、いわゆる「伊藤レポート」の2014年8月の公表に結実していく（69ページも参照）。この過程でも、主に企業側からは、「長期的視野」と「ステークホルダー価値」の重要性が強調されることになった。レポートの【提言・推奨】には、以下の二つの両論併記ともとらえられる記述が載った。

価値創造とは、付加価値を最大化することとも捉えることができる。ただ、「付加価値」については大別して二つの考え方がある。企業活動にかかわるステークホルダー全般への価値の分配総額と捉える考え方と、株主以外のステークホルダーに対する分配額を利潤から差し引いた余剰額が資本コストを上回った残余部分と捉える考え方である。日本では前者の考え方が従来より暗黙のうちに一般化していたといえる。そうした考え方は否定されるべきではないが、日本企業が国際的に投資家から支持を得るためには、後者の考え方にもっと焦点を当てるべきではないか。

　ただ、株主価値だけを独立で捉えることも適切ではない。顧客価値、従業員価値、取引先価値、社会コミュニティ価値などの価値を創造することが株主価値の創造につながる。ステークホルダー全体の価値を高めることが株主価値の向上につながり、企業価値の長期的向上が成されることを意識すべきであろう。

（資料）　「持続的成長への競争力とインセンティブ～企業と投資家の望ましい関係構築～」
　　　　　プロジェクト最終報告書（経済産業省）

　そして、金融庁のコーポレートガバナンス・コードの策定に関する有識者会議が議論を2014年８月からスタートする。各会合の議事録を参照すると、以下のような発言を見出すことができる。「ステークホルダーの役割を認識し踏まえることが中長期的な企業価値の創造につながるという考え方は非常に重要であり、ぜひともコードで十分な説明をしていただきたいと思います。企業の目的は、顧客の創造、つまり顧客のために価値を創造するということであり、それによって初めて企業の存続価値が生まれ、その活動に株主、従業員、取引先、地域社会が参加するのだと思います」「ステークホルダーの箇所ですが、ここは日本におけるガバナンスとして大変重要な箇所だと思います。（中略）短期的議論が起きないように、きちんと日本流のガバナンスのところを書き切るべきだと思います」

一方で、「企業を取り巻くステークホルダーの中で、やはり相対的に意識づけが取締役会の中で希薄化していると思われるのは株主だということを前提にして議論しないと、今回のこのコード作成の会議が開かれているということに応えることにはならない」との意見も存在した。それでも、ステークホルダー主義はシェアホルダーを排除した概念ではなくて、それをインクルードした概念であり、ステークホルダー・オア・シェアホルダーという対立させた議論をするのではなく、オアではなくアンドで考えていくという結論に収斂していったのである。

(2) 「株主以外のステークホルダーとの適切な協働」が企業価値向上に結びつく道筋

◆企業価値創造をめぐる古くて新しい議論

企業価値創造をめぐる複数の論説は、古くから存在するものである。一般には経済価値・株主価値として株式時価総額や企業が将来的に生み出すキャッシュフローの割引現在価値（DCF）等に焦点を当て、中長期的に資本コストを上回る利益を生む企業を価値創造企業として評価するという見方に立つ限りは、ステークホルダーへの配慮は、利益への圧迫要因として、企業価値を減ずる要因となる。

他方で、企業が生み出す価値をもっと広くとらえ、株主、顧客、従業員、取引先、社会コミュニティ等のステークホルダー価値の総和とする見方からは、価値創造とは、企業のステークホルダー全般への価値の分配総額ということになる。

たとえば、帝人は、付加価値総額を、売上総利益（売上高−売上原価）から、運賃や関税、減価償却費、研究開発費、販売促進費、賃貸料、その他の販管費に属する経費を減じた金額に、独自集計の社会貢献費用と、環境保全の費用を加算して算定し、毎年、公表している。そのうえで、株主、社員、債権者、行政機関、地域社会、環境、自社の各々にどのように付加価値配分を行ったかの内訳をも公表している（図表8−4）。

こうした算定と公開は、企業価値創造をステークホルダー価値の総和とす

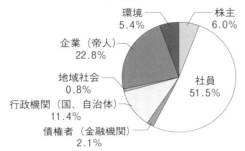

図表 8 − 4 　ステークホルダーへの付加価値配分比率
（2015年度：総額1,150億円）

（資料）　帝人ホームページをもとに日本総合研究所作成

る見方によって立っている。

　この場合に焦点となるのは、株主価値とその他のステークホルダー価値の関係は、長期的にみてもトレードオフなのか、独立なのか、正の相関性をもつのかという点であろう。「正の相関性をもつ」とする考え方は、「Benefits of socially responsible behavior」から導かれる。これは、幅広いステークホルダー価値を高めることが、収益力や財務的な競争力を高め、結果的に経済価値（株主価値）を高めるという考え方である。具体的な例をあげれば、取引先への供給責任を果たすことで得た信頼価値が取引価格に反映し、高品質な商品・サービスを顧客に提供することが高水準の収益性や競争力確保につながり、安定雇用により優秀な人材を確保できることが収益性と競争力向上につながると考えるのである。

◆**ステークホルダーとその価値を左右する要因の類型**

　それでは、現代の企業社会において、株主価値との関係性を有するステークホルダーをどのような広がりでとらえたらよいのだろうか。また、どのような事象が、ステークホルダー価値を左右し、その結果、株主価値にも影響を与えるのだろうか。図表 8 − 5 は、筆者らが想定する全体像を示している。

　図表 8 − 5 では、「株主・投資家」以外に、七つのステークホルダーを示している。「環境」は「次世代の人々」、「ビジネス倫理」は「世間全体」と

図表8−5 企業のステークホルダー全体像とステークホルダー価値を左右する事象

競合他社

＋
・談合・カルテルの防止
・贈収賄の防止
・他者の知的財産権の保護
・その他

−
・談合・カルテル・不正入札
・贈収賄による公正な競争阻害
・知的財産権の侵害
・その他（競合企業）

従業員

＋
・労働安全衛生の取組み
・ワークライフバランスの取組み
・多様な人材活躍支援／女性活躍支援
・その他

−
・従業員の安全対策不備
・不当労働行為
・劣悪な労働環境
・偽装請負・違法派遣
・その他（従業員）

環境

＋
・環境マネジメント
・事業活動における取組み（気候変動）
・事業活動における取組み（気候変動以外）
・製品・サービスにおける環境の取組み
・その他

−
・事業活動に起因する環境汚染・改ざん
・環境データの偽装（環境保全）
・その他（環境保全）

ビジネス倫理

−
・社会的に悪影響な製品・サービス
・反社会的勢力との交際
・その他（ビジネス倫理）

株主・投資家

・経理関連の虚偽報告・情報非開示
−
・会社資産の横領・着服
・不公正な株取引
・その他

顧客

＋
・顧客利益を保護するための方針
・顧客利益を保護するための取組み
・多様な消費者の利便性確保の取組み
・事業継続性の取組み

−
・製品不具合
・サービス安定供給不備
・改ざん・不当表示／説明不備
・情報セキュリティ不備
・運輸安全管理不備
・顧客資産の横領・詐欺・過大請求
・その他

サプライヤー

＋
・CSR調達の方針／ガイドライン
・モニタリング・エンゲージメント
・CSR調達のパフォーマンス

−
・優越的地位の乱用
・サプライヤーの安全対策不備
・その他

地域コミュニティ

＋
・地域貢献方針
・ネガティブインパクトの軽減

−
・地域住民活動への悪影響

（中央）企業

（下部）ステークホルダー経営に関するコーポレートガバナンス

（資料）日本総合研究所作成

とらえることもできよう。ここで、プラスで示しているのが、ステークホルダー価値を増大させ、その結果、株主価値にもポジティブな影響を与えると考えられる事象、もしくは企業の取組みである。反対に、マイナスで示しているのが、ステークホルダー価値を増大させ、その結果、株主価値にはネガティブな影響を与えると考えられる事象である。

　プラスの事象や企業の取組みと、マイナスの事象を比較して、どちらのほうがより株主価値に影響を与えるかという点も、よく論点となる。先述の「伊藤レポート」には、次のような記述がある。

　ESG（環境、社会、ガバナンス）は企業への信頼性に関わる。企業価値にはステークホルダーからの信頼度が反映されるとみることもできるので、信頼性を高める活動は企業価値創造に結び付く。例えば、グローバル展開しているアパレルメーカーにとって新興国の工場で児童労働問題が起こり、それが国際的なガイドラインに違反していることが明らかになれば評判と業績に悪影響をあたえる。マーケティングにおいて不公正な取引を行っているという事実が明らかになった場合も同様である。

　ここでは、「信頼性を高める活動は企業価値創造に結び付く」とプラスの事象や企業の取組みが、株主価値にポジティブな影響を与える道筋を認識しつつも、事例としては、マイナスの事象が、株主価値にネガティブな影響を与えるケースを列挙するにとどまっている。「信頼を構築するのには長い時間がかかるが、信頼を失うのは一瞬である」といわれるように、マイナスの事象が、株主価値にネガティブな影響を与えるケースのほうが目にみえやすい傾向はあるだろう。「株主以外のステークホルダーとの適切な協働」を強く意識するコーポレートガバナンスにおいても、こうしたマイナスの事象が発生するのをいかに抑止するかというのは、大きな課題であることが理解されよう。しかも、ここでいうマイナスの事象は、単に「法令違反」等のみを指すものではないことを理解する必要がある。今日の企業社会を取り巻く諸条件を顧みれば、その範囲はステークホルダーからの期待に背くような事

第8章　取締役会のあり方　207

象、あるいはレピュテーションを毀損させるような事象をも含むということである。

(3) 取締役会は何を議論すべきか

◆英国会社法の考え方

イギリスのコーポレートガバナンス・コードが日本のもののように「株主以外のステークホルダーとの協働」に言及していない点は、すでに述べたが、他方で2006年改正英国会社法には、172条に取締役の一般的義務として「会社の成功を促進すべき義務（Duty to promote the success of the company)」が規定され、「会社の取締役は、当該会社の社員全体の利益のために会社の成功を最も促進しそうであると誠実に考える方法で行為しなければならず、かつ、そのように行為する際に、特に以下の事項を考慮しなければならない」として、

(a) いっさいの意思決定により長期的に生じる可能性のある結果

(b) 当該会社の従業員の利益

(c) 当該会社と供給業者、顧客、その他の者と当該会社の間の事業上の関係の発展を促す必要性

(d) 当該会社の営業活動による地域社会および環境に対する影響

(e) 当該会社がその事業活動の水準の高さに関する評価を維持することの有用性

(f) 当該会社の社員相互間の取扱いにおいて公正に行為する必要性

を掲げている。(b)～(d)の項で、「株主以外のステークホルダーへの配慮」が謳われているのである。

また、同法は小規模会社を除くすべての会社の取締役に、事業年度ごとの取締役報告書を作成し、そのなかに「取締役の氏名」「主要な事業内容」「事業概況」を含めることを義務づけた。上場企業においては、事業の展開・業績・状況を理解するうえで必要な範囲において、「環境問題およびこれに関連する特定の政策とその有効性を含めた事業に与える影響に係る環境に関する情報」や「従業員、社会および地域社会に関して関連する特定の政策とお

よその有効性を含めた問題に関する情報」「環境問題や従業員に関連する非財務的KPI」の開示が求められることになった。

さらに、英国議会は2006年会社法（戦略報告書・取締役報告書）2013年規則を、2013年8月に承認した。この新規則により、取締役報告書に盛り込みが義務づけられていた「事業概要」にかわり「戦略報告書」の作成が必要になった。この報告書は取締役会が別個に承認し、取締役またはカンパニー・セクレタリーが署名する必要があるものである。そして、この「戦略報告書」では、「環境問題に関連する特定の方針およびその有効性を含めた情報（会社の事業が環境に与える負荷を含む）」、「従業員に関連する特定の方針およびその有効性を含めた情報」、「社会、地域および人権問題に関連する特定の方針およびその有効性を含めた情報」の開示を求め、会社が開示を行わない場合はその情報が非開示である旨記載しなければならないとした。加えて、上場企業においては、「取締役人数の性別内訳」、「執行役人数の性別内訳」、「従業員人数の性別内訳」ならびに「環境問題や従業員に関連する非財務的KPI」の開示を求めている。

社会との関係性をとらえることの意義

日本の一般的な取締役会での決議事項としては、株主総会に関する事項、決算に関する事項、経営に関する事項、取締役に関する事項、株式に関する事項、組織・人事に関する事項、資産に関する事項、資金に関する事項などがある。

わが国の取締役会における「株主以外のステークホルダーへの配慮」は、それ自体をテーマとした議論というよりも、もっぱらこのうち「経営に関する事項」や「組織・人事に関する事項」に関連して議論されることが想定されるだろう。たとえば、経営計画や経営戦略に関する審議があるが、この過程で事業領域の選定と環境問題との関係、サプライチェーン構築のあり方、顧客対応などさまざまな議論が俎上に載りうる。「組織・人事に関する事項」では、ワークライフバランスや女性の活躍、海外におけるグローバル人事のあり方などが、同様に議論の対象になるだろう。また、M&Aを審議する場合にも、買収先企業の社会・環境問題へのインパクトを考慮に入れると

第8章　取締役会のあり方　209

いう場合も出てくるだろう。

　実際、企業側の情報開示において社外取締役が、国際的な環境問題、企業の社会的責任に関する見識と豊富な経験に基づき、環境保全・社会貢献に対する企業の役割等について積極的に発言を行っている旨を報告している例もある。

　取締役会の任意の諮問機関として、社外取締役を構成員とするガバナンス委員会を設置している。グループの経営戦略やガバナンス体制の方針等について議論している企業もあり、女性の社外取締役から、社内の女性の活用体制について意見が表明された結果、女性の活用体制を見直し、高い女性管理職比率を実現している事例なども出てきている。

　取締役会の議論においては、主としてリスクの顕在化防止という観点が、「業務執行の決定」や「職務の執行の監督」という局面において重視される傾向が強いが、事業領域の選定と環境問題との関係、製品・サービスの社会課題解決への貢献、顧客対応、女性の活躍、海外におけるグローバル人事などの事項に関しては、むしろ企業価値を向上させるような積極的取組みが促進されるよう議論がなされることが有効である。よく「守りのCSR」と「攻めのCSR」という表現が使われることがある。前者は、企業価値の毀損を回避するCSRの取組みであり、後者は、企業価値の向上に資するCSRの取組みを指す。これと同様に、取締役会における「株主以外のステークホルダーへの配慮」も守りの側面と攻めの側面の双方が重要だということである。

◆社外取締役との対話

　前節の取締役会における「株主以外のステークホルダーへの配慮」を実効性あるものにする際に、社外取締役の果たす役割は大きい。社外取締役の重要な役割は、（株主を含む）社外のステークホルダーの代表として、ステークホルダーと企業との対話の橋渡しをするという役割があると考えられるからである。

　多くの企業で、社内取締役は経営会議ですでに議論しているため、取締役会では社外取締役の発言が中心となっているという実態がある。社外取締役の発言がきっかけで、付議された案件が見直されることもある。

最近では、取締役会の任意の諮問機関として、社外取締役を構成員とするガバナンス委員会を設置して、グループの経営戦略やガバナンス体制の方針等について議論している企業もある。

　社外取締役に対して、取締役会の1週間前に個別に訪問し、取締役会事務局から、1～2時間程度かけて十分に説明している事例、取締役会に向けた説明とは別に、業務状況の定期的な報告をしている事例、経営会議や勉強会等に社外取締役がオブザーバーとして参加している事例も増えてきている。ある企業では、経営計画は、「中間報告」として、社内の作成の途中経過を必ず報告会を開催し、この段階で、社外取締役から意見を得て、練り直したうえで、取締役会に正式に議案として上程しているという。別の企業では、取締役会という場にとらわれず、取締役会の終了後に全員が参加する討議で経営戦略について議論することで、意見交換や情報共有について柔軟かつ積極的な運用を試みている。こうした機会をつくることは、「株主以外のステークホルダーへの配慮」のための社外取締役の発言を引き出すための有効な手段となろう。

　「株主以外のステークホルダーへの配慮」をめぐって、大手総合商社の社外取締役との対談の機会を得た経験をここでは紹介したい。この会社では、持続可能な成長を実現するために特に対処すべき重要課題の選定を行った。このプロセスでも、事務局は社外取締役に対して、個別に時間をかけて十分に説明を行ったという。そのうえで、取締役会でも議論を尽くし、最終決定をしている。この会社では、取締役会が株主の利益を代弁するだけではなく、その他のステークホルダーにも配慮することが必要だとの認識を有しているという。こうした事例は、一つのベストプラクティスと呼べるであろう。

⑷　機関投資家の影響力

◆社会的課題への貢献に関する議論

　今後の経営においては、これまで以上に「多様なステークホルダーの利害をないがしろにしていては株主の利益も損なわれる」という理解が、世界的

に広がっていく傾向がある。このことは、取締役会の「株主以外のステークホルダーへの配慮」が、株主自身からも評価される状況を意味している。

2015年9月、国連総会は「持続可能な開発目標（SDGs）」を採択した。SDGsには、これまでの「ミレニアム開発目標（MDGs）」で積み残した課題に加え、国際社会の共通課題である貧困や環境など17の目標と169項目の達成基準が盛り込まれている。いわば、向こう15年間のグローバルな社会課題のディレクトリーともいえるものである。

SDGsがビジネスにとっての宝の山だと考える投資家も徐々に出現しているようだ。たとえば、目標2では栄養改善、目標3では高齢者サービス、目標4では民間の教育サービス、目標5では女性活躍支援など、これを掘り下げていくことで、そこに紐づく製品・サービスと企業を見出し、投資対象にしていこうという考え方である。「Creating Shared Value（CSV）」という考え方に強く共感する投資家も、社会課題起点のキャッシュフローを有望視する同様の考え方をもつ。

CSVは、①社会課題を解決する製品サービスの提供、②バリューチェーンの競争力強化と社会への貢献の両立、③事業展開地域のクラスター強化と地域貢献の両立の三つの類型から、ビジネスの成功と社会課題解決の同時実現の有効性を説いている。

取締役会において、経営計画や経営戦略に関して議論がなされる際、本業を通じた「持続可能な開発目標（SDGs）」への貢献や新規事業開発における「Creating Shared Value（CSV）」の追求を切り口にすることは、「株主以外のステークホルダーへの配慮」の実践でもあり、一部の株主からの期待に応える行動にもつながる。

◆**ユニバーサル・オーナーという考え方**

他方で海外の大手の公的年金を中心に、ユニバーサルオーナーシップを重視することを明確化し、投資方針に反映させるところが徐々に増えている。

その典型例は、ノルウェーの「政府年金基金—グローバル」である。その運用にあたっての倫理ガイドラインを検討したグレーバー委員会報告書では「数多くの企業にその所有者の立場で関与することを前提とするとき、たと

えば、ある企業がポートフォリオを構成している他の複数の会社に損害を与える（たとえば環境汚染を引き起こすような）活動を行っているなら、それは経済的に年金基金に対して害悪を及ぼす」と書いている。さらに、ノルウェー政府年金基金―グローバルの管理・運用に関するノルウェー財務省からの国会報告（Report No. 20 to the Storting（2008－2009））を読むと、「基金の有する長期的視座と広がり、すなわちユニバーサルオーナーであることの特性に照らせば、ゆっくりと時間をかけて確かなリターンを実現するためには、経済、環境、社会の各々の側面で健全で持続可能な世界の発展が必要になる。加えて年金基金の運用成績は、適切に規制が行き届き、価格が正しいシグナルを与えることで機能をよく発揮する市場の存在と、経営層が株主の長期的な利益に合致した行動をとる企業の存在に依存している」との考え方が示されている。

アメリカのカリフォルニア州職員退職年金基金（CalPERS）、カナダ年金制度投資委員会（CPPIB）、フランス公務員付加的年金管理組織（ERAFP）、ニュージーランド老齢退職年金、オランダPGGMなども、ユニバーサルオーナーシップ重視を表明している年金基金（またはその運用機関）である。

こうした投資家は、負の外部性を有する企業もしくは業界は自らの資産に損害を与えるという認識を有し、ダイベストメント、（事業転換などの）エンゲージメント、政府への規制強化の働きかけなどの手段を講ずる。

取締役会における「株主以外のステークホルダーへの配慮」は、こうした投資家への対応にもつながる。経営計画や経営戦略に関する議論で、内外のこうしたトレンドを把握し、事業領域選定などで適切な意思決定を行うことも、取締役会の役割となってきている。

3 取締役会における外部性の活用

近年のコーポレートガバナンスの議論においては、「執行と監督の分離」という考え方が示され、そのなかでの取締役会の役割は、従来の意思決定機

第8章　取締役会のあり方　213

関から、経営の執行状況の監督にシフトするべきであるとされている。

　また、この監督については、いわゆる「攻めと守り」のガバナンスの議論をふまえて、これまでの単なる牽制にとどまらず、企業の「稼ぐ力」を後押しする役割も求められていると解される。

　商法およびその後の会社法の改正においては、指名委員会等設置会社や監査等委員会設置会社の導入など、会社機関についても見直しがなされている。そして、これらの機関の運営については、経営執行の監督を担うものとして、社外取締役が一定の関与をすることを前提としているが、この結果として、取締役会等においては社外取締役に対して、従来よりも多くの役割をもたせることになるが、これには懸念と批判があることも事実である。その理由としては、多くの企業において、取締役会や各種委員会などの会社機関の役割が十分にこれらの監督機関へとシフトされていないこと、さらにはそれに見合う社外取締役が十分に確保できていないことにあると想定される。

　これらの状況をふまえながら、本節では、取締役会や監査等委員会等の会社機関において、「攻めと守り」のガバナンスを実現するために、社外取締役等の外部性をいかに有効に活用すべきかについて論じる。

(1)　取締役会の変化

　企業における社外取締役に求められる役割の変化については、冒頭で大まかに述べているが、ここでは少し掘り下げて整理する。

　従来において、取締役会は経営の執行における意思決定機関ではあるものの、実質的にはトップマネジメントや常務会・経営会議が決定した事項を法的に追認するという位置づけが、多くの会社において一般的なかたちであり、社外取締役は、限られた情報のなかで助言を行う立場にすぎなかった。また、経営執行に対する監督という役割については、社外監査役が外部目線に立ってその一部を担うことが一般的であった。

　その後、コーポレートガバナンスに関する一連の改革のなかで、「執行と監督の分離」に関する議論がなされ、取締役会における監督機能の強化が大きなテーマとなった。その結果として、指名委員会等設置会社や監査等委員

図表 8 - 6　会社機関の役割

役　割		指名委員会等設置会社 監査等委員会設置会社	監査役会設置会社
守りのガバナンス	監査	監査委員会	監査役会
	指名・報酬	指名委員会 報酬委員会	取締役会
	投資、経営計画、経営全般	取締役会	取締役会
攻めのガバナンス	投資、経営計画、経営全般	取締役会	取締役会

（資料）　日本総合研究所作成

会設置会社に関する制度が導入された。

　これらの制度を活用する場合、取締役会および委員会の位置づけは「経営執行に対する監督」となり、その役割を果たすために、これらの機関を構成する取締役について、一定以上の社外取締役を配することを要請される。

　また、監査や役員指名・報酬などについてはその性格上、一定の牽制を効かせる、いわゆる「守りのガバナンス」の意味づけが大きいが、取締役会で議論されると思われる経営ビジョンの策定や中長期の経営計画、さらにはM&Aなどの大型投資などの経営に影響を及ぼす事項については、中長期的な企業の成長を目指すという意味では、単に「守りのガバナンス」にとどまらず、企業価値を向上させるための「攻めのガバナンス」の観点からも、社外取締役の積極的な関与が期待されることになる。

　その意味では、取締役会や委員会において社外取締役は執行の監督について「攻めと守り」の双方から外部性を発揮することを期待される。

(2)　期待される社外取締役の役割

　コーポレートガバナンス改革によって、取締役会の役割が監督にシフトするなかで、社外取締役は取締役会において、「攻めと守り」の双方の観点から、さまざまな助言、提言を求められることは前段で述べたとおりである。

第 8 章　取締役会のあり方　215

一方で、企業サイドにおいては、これらの社外取締役が有効な助言、提言を行うことができるのであろうかという懸念が存在する。

よって以下では、取締役会や各種委員会において社外取締役が具体的にどのような役割を担い、その社外性を発揮すべきかについて整理する。

◆監査委員会[19]

会社機関において、最も外部性が発揮されるべきものは、その性質から監査委員会であるのはいうまでもない。

一般的に、監査委員会においては、内部統制システムが適切に構成・運営されているかを監視し、必要に応じて内部統制部門に対して具体的指示を出し、監査委員会は、適法性監査に加え、妥当性監査も職務内容とすることとされている。

この場合、社外取締役である監査委員はどの程度まで、監査を行うことができるのか、また、実施された監査が企業にとってどこまで有効であるかがポイントになる。

先述のとおり、監査には適法性監査と妥当性監査が存在し、適法性監査とは取締役の職務執行が法令・定款に準拠して実施されているか否かを検討することである。具体的には、広く法の精神からみての妥当性と、取締役の職務執行の法令・定款への準拠性などが監査の対象となるが、これは、いわゆるデュー・プロセスといわれるものであり、他方、妥当性監査とは、取締役の職務執行の内容が経営方針等に準拠して合理的であるか否かを検討するものである。

監査役会設置会社の場合は、上記のうち適法性を対象にしており、そのため、一般的な法令や会計に関する知識や経験を有する人間が適法性の監査やデュー・プロセスのチェックに適している。公認会計士や弁護士、さらには金融機関出身者などを社外取締役として迎えるのはこのような理由からである。

---

19 正確には指名委員会等設置会社においては「監査委員会」、監査等委員会設置会社においては「監査等委員会」であるが、説明を簡略にするため、実質的機能にかんがみ、ここでは表現を「監査委員会」とする。

一方、指名委員会等設置会社、監査等委員会設置会社においては、適法性とともに、妥当性監査を実施するが、この場合においては、業務執行の妥当性を問うため、当該業界に対する知識が必要となる。しかしながら、現実問題としては多くの企業は監査役会設置会社から移行する際に、社外監査役を社外取締役に横滑りさせることが想定される。その場合は、多くの監査役は適法性を判断するための人材要件であるため、妥当性を判断するには限界がある。そのため、当該業界の出身者の社外取締役を迎える、もしくは監査委員会のメンバーに、社内の非業務執行取締役を配するなどの手立てが想定される。

◆指名・報酬委員会

コーポレートガバナンスの整備において、近年で最も議論があるのが、指名・報酬における社外性の確保である。役員指名や報酬の決定において、これまでは代表取締役等のトップマネジメントにその裁量が委ねられていたが、トップマネジメントの選考そのものについても委員会で問うケースが増加していることは事実である。

特に役員の指名に関しては、委員会の果たす役割、そして一般的には委員会の過半数を占めるはずの社外取締役が、外部性を有効に発揮することが可能であるかが議論のポイントである。

まず、指名・報酬委員会において、事前に指名のプロセスやノックアウトファクター、および報酬テーブルなどのルールについて、会社からの素案について検証することは、非常に有用であり、その際に役員人事制度・報酬制度について、他社水準や事例を持ち合わせている、もしくは過去に類似の制度の設計、運用の経験のある社外取締役は、非常に外部性を発揮しやすい。指名・報酬委員会のメンバーとなる社外取締役において、他社のトップマネジメントや、人事担当役員の経験者、および人事系コンサルタントが起用されるのはこのような背景による。

また、これらの社外取締役は、当然ではあるが、実際の人選や報酬決定プロセスに深く関与する。ただし、このプロセスの関与についても、一般的には、先述の会社の決めたプロセスやルールに従っているか否かという

デュー・プロセスの確認が主体であると思われる。

なお、外部委員会の意見形成においては、特に指名に関してどこまで踏み込むべきかについては常に議論の対象になる。当然ではあるが、社外取締役は常日頃から候補者と接しているわけでなく、会社側からもたらされる限定された情報からしか判断ができない。また、実際に経営者としての経験のない人間が社外取締役として、委員会のメンバーに入っているケースもある。このような状況で、社外取締役がイニシアティブを握ることで、外部性を発揮して、適切な役員指名ができるのかについて、懐疑的な意見も少なくはない。

また、指名においては、当然ではあるがトップマネジメントの案が否決されることも想定される。否決そのものについては、外部性の発露であり肯定的であるともいえるが、その後のプロセスとして単純に差し戻して提案者であるトップマネジメントに再考を求めるべきなのか、それとも委員会として対案を出すべきであるかについても、賛否が分かれるところである[20]。

なお、事例は少ないが、トップマネジメントおよび取締役がその任にそぐわない場合においても、内部からは指摘できないことも容易に想定される。この際においては、中立な立場から社外性を発揮するという意味で、社外取締役が重要な役割を果たすことは間違いない。

◆取締役会

上記で紹介した委員会については、それが指名委員会等設置会社か監査等委員会設置会社のものであろうが、デュー・プロセスや中立性の視点などから、一定の牽制を効かせるという位置づけで社外取締役の外部性が発揮されるということは間違いがない。

これに対して、取締役会において監査や指名・報酬以外の議題で社外取締役がその外部性を発揮するものがあるのか、また、その外部性は「攻めと守り」のどちらの観点に立つものであろうか。以下では、これらの問に答えて

20　近年では、指名委員会において、会社側の提案が否決される事案が起こっている。なかには、デュー・プロセス以上に踏み込んだ判断が社外取締役会主導で実施されたものもあり、その是非についての議論が存在する。

いくこととする。

　まずは、取締役会において決議される事項には、どのようなものが存在するかについて整理する。下記は、会社法において、取締役会で決議しなければならない事項として個別かつ明示的に定められているものの代表的なものである。

・譲渡制限株式の譲渡・承認取得（139条1項）
・株式分割（183条2項）
・株主総会の招集に関する事項の決定（298条4項）
・代表取締役の選任・解任（349条3項、362条2項3号）
・利益相反取引・競業取引の承認（356条1項、365条1項）

　また、このほかにも、会社法362条4項において、取締役の専権事項として項目列挙されているものが下記のとおりである。

・重要な財産の処分および譲受け
・多額の借財
・支配人その他の重要な使用人の選任および解任
・支店その他の重要な組織の設置、変更および廃止
・社債を引き受ける者の募集に関する重要な事項として法務省令で定める事項
・内部統制システムの構築に関する決定
・定款の定めに基づく取締役会決議による役員および会計検査人の会社に対する責任（426条1項、423条1項）の免除

　これらの法で定められた事項に関して、社外取締役としては、その内容について議題の採択から決定までのプロセスが適切であるか、手続に瑕疵がないかについて確認をすべき立場であることはいうまでもない。

　一方で、上記の項目において、重要な財産の処分行為などについては、M&Aや大型の設備投資、重要な子会社の売却などが含まれると解されるが、これらの項目については、取締役会において、デュー・プロセスの確認のほかに、決議に至った背景を、経営方針や経営計画に照らし合わせて確認、議論することが想定される。

第8章　取締役会のあり方　219

さらには、会社法に規定されてはいないが、会社の基本方針および経営計画などについては、重要事項として取締役会で討議され、決議すべき事項としている企業も多い。

　そして、これらの項目について、社外取締役はデュー・プロセスの確認にとどまらず、自己の見識に基づいて積極的に内容についての議論に参加することが期待されるとともに、そのスタンスについても単に決定事項について「守り」の観点から牽制的立場で意見を述べるだけでなく、企業価値の向上のための「攻め」の視点から積極的な見解を述べることが期待される。

　図表8－7は、それぞれの項目について「守りと攻め」の観点から、社外取締役がどのよう観点で議論に参加すべきかを整理したものである。

　「守り」の観点は、一般的な視点からこれらの取組みがデュー・プロセスに沿ったものであるかを検証するものであるが、「攻め」の観点からの検証および議論への参加については、より深い業界構造や企業戦略等への造詣が社外取締役に求められることになることを示している。

　一般的に、委員会を構成する社外取締役においては、社外性に加えて独立

図表8－7　取締役会での議論

項目	「守り」の観点	「攻め」の観点
経営方針・計画	マクロ環境からみて、妥当な計画であるか	さらに企業を成長させるためにどのような点に着目すべきか
M&A・大型投資[21]	投資規模や想定される効果が妥当なものか 実施にあたってのリスク認識が妥当か	投資効果をどのようにして早期に極大化するか
子会社等の再編	再編に関しての法的プロセスの遵守状況、各種リスク認識の妥当性など	再編の戦略的意義と、シナジー創出など戦略オプション

（資料）　日本総合研究所作成

─────────────

21　実施事例は少ないが、監査役会設置会社においては、「重要財産委員会」を設置することも可能である。

性を要求されているが、これらの議論をする際には、独立性よりも、議論を行うために必要な見識をふまえているかにより重点を置くべきではないかと考える。その意味では、一定の独立社外取締役を確保しつつ、取引金融機関や主要取引先の経営者なども識者として社外取締役に迎えることも有効と思われる。

(3) 社外取締役が役割を果たすために

ここまでは、社外取締役が取締役会および各種の委員会にどのようなかたちで、その社外性を発揮するかを論じてきたが、実際には、ここで書かれているほど、社外取締役はその役割を果たしきれているとは言いがたい。

その理由としては、すでに論じられているように、企業において取締役会の役割自体が、経営会議などの実質的な内部の意思決定機関との関係のなかで、あいまいであるという点、社外取締役の選出において、期待する役割にかなうバックグラウンドを有していないなどの根本的な課題があるのは事実であるが、実際の運用においても多くの課題がある。以下では、実際の運用において、これら社外取締役が役割を発揮できるような環境整備について論じる。

◆社外取締役への情報提供

一般的に、社外取締役については、会社に常勤していないため、入手できる情報については質的・量的双方から通常の取締役に劣るという状況であり、これらの情報も取締役会の時期に応じて提供されるという意味から、情報の鮮度やタイミングについても制限があるといわざるをえない。

当然ではあるが、社外取締役がその役割を最大限に発揮する環境を整えるためには、積極的に情報を入れることが重要である。そして情報提供も含めて、サポート体制をどのように構築するかについて考える必要がある。

図表8－8は、企業におけるサポート体制を整理したものである。従来は総務部門や秘書部門などが役員秘書の業務の一環・延長としての書類等による情報提供などを中心とした体制が一般的であったが、近年では一連のコーポレートガバナンス改革の動きのなかで、社外取締役によりいっそうの社外

図表 8 - 8　社外取締役のサポート体制

サポート部門（例）	サポート内容
総務部門・秘書部門で対応	役員秘書の業務の一環として、定期的に情報の提供を行う。レクチャーが必要な場合は、社外取締役の要望に応じて調整
経営企画部門で対応	取締役会の運営に必要な情報を、関連情報まで含めて提供するとともに、事前に社外取締役にレクチャーを実施する。事前に意見聴取して議題に反映するなどの対応も実施
専門のサポート組織	社外取締役それぞれの役割や、課題認識に応じて必要とされる情報を収集し提供する。また、事前のレクチャーやフィードバックに加えて、社外取締役間の連携についてもサポートを行う。

（資料）　日本総合研究所作成

性を発揮してもらおうという観点から、これらの機能を経営企画部門等に移管したうえで、社外取締役に対して積極的に情報を提供し、対話を行うなど体制を強化している企業も少なくない。

　さらに、社外取締役のサポート組織を設置し、情報提供や社外取締役間の連携を支援するなどの取組みを行う企業も近年ではみられるようになったが、人員や費用の制約があり、このような対応ができる企業は現段階ではごく少数にとどまっている。

◆社外取締役間の連携

　社外取締役については、当然のことながら常勤ではないこともあり、一堂に会する機会は、取締役会当日に限定されるのが一般的である。また、社外取締役の就任については、社外性・専門性に基づいた役割についてあいまいであったため、個々の社外取締役が「それぞれに、その場で、いいたいことをいう」状況にとどまっている企業も少なくない。

　たしかに、取締役会において、社外取締役から、さまざまな角度から意見を拝受することは有用である面も否定できない。一方で、散漫な意見の陳述に終始するリスクもあることを考慮すると、限られた時間のなかで、取締役会や委員会に付議すべき重要なテーマにおいて、それぞれの社外取締役が連

222

携して対応することが望ましいのではないかと思われる。

　社外取締役については、常勤ではないので時間的な制約もあるが、一定の報酬を支払うことを前提にして委任しているのも事実である。そのため、社外取締役がそれぞれの専門性に基づいて会社側から提供される情報を事前に咀嚼したうえで適切な意見を表明することは義務である。そして、義務を遂行してもらうために、情報共有や意見交換できる「場」を用意することは必要であることはいうまでもない（図表8−9）。費用対効果や実効性の観点からの制約はあるとは思われるが、このような取組みは今後、本格化していくであろう。

　コーポレートガバナンスの高度化に伴い、より多くの社外取締役が登用されると思われるが、本節では、これらの社外取締役について、どのような役割を担うべきか、そして企業サイドで社外取締役を有効に機能させるために何が必要かを論じた。

　たしかに、社外取締役については、限られた情報と時間を理由に「一般的な助言」にとどまるという批判がある。しかしながら、企業が社外取締役に

図表8−9　社外取締役の連携を促進する取組み

方　　法	具体的取組例
情報共有できるシステム基盤を提供	社外取締役のバックグラウンドや、過去の取締役会における発言内容、事務局への質疑等の状況をシステム上で共有
	取締役会の議題について自動配信とともに、各人の事前質疑や追加資料要求などが共有できるようなアクセスフォルダーを提供
取締役会・委員会以外で別途協議できる機会や場を提供	取締役会・委員会終了後、社外取締役のみでのレビューや次回の進め方についての共通認識をもつための会合を実施
	社外取締役に対して、取締役会・委員会の議題についての事前レクチャーおよび、マネジメントに対して意見交換の場を提供

（資料）　日本総合研究所作成

対してどれだけの役割を要求するのか、そして役割遂行に対してどれだけ情報提供を含めたサポートを行うのかにより、社外取締役の社外性をより発揮させることは可能と思われる。そして、これらの手立てを尽くしたうえで、社外取締役が、それでも「一般的な助言」にとどまるようであれば、社外取締役の人選そのものに立ち返ることも必要である。

4 取締役会の有効性評価

(1) 取締役会の有効性評価

取締役会等の実効性確保はコーポレートガバナンス強化において大変重要なテーマである。それはコーポレートガバナンス・コード第4章が取締役会等の責務について詳述しており、原則数において同章はコードの約50％を占めていることにもあらわれている。ただし、取締役会の実効性評価については補充原則4－11③において「取締役会は、毎年、各取締役の自己評価なども参考にしつつ、取締役会全体の実効性について分析・評価を行い、その結果の概要を開示すべきである」とあるのみで、分析・評価項目は各社の裁量に委ねられている。

一方で、ほとんどの日本企業では社内出身の取締役が取締役会の大多数を占めているのが現状であり、実効性評価を行うことに心理的抵抗が大きいことは容易に想像できる。それは、2016年12月末時点の対応状況では東証一部・二部上場のガバナンス報告書提出会社2,530社の実施率が55％にとどまっていることにもあらわれている。

ただし、投資家サイドもどのような項目が実効性評価に含まれるべきかという問に対しての共通見解を有しているとは考えにくい。「コーポレートガバナンス・コードの策定に関する有識者会議」において投資家サイドのメンバーが招聘されていたにもかかわらず、先述の表現にとどまったというのがその証左の一つである。また、グローバルの投資家によるコーポレートガバ

ナンス推進団体である国際コーポレートガバナンス・ネットワーク（ICGN）がその原則1.2 j)で「取締役会の実効性を一貫して高めていくべく、取締役会の評価を定期的かつ客観的に行う」との表現にとどめていることも投資家によって実効性評価の要件に共通見解が明確にあるわけではない証拠といえそうだ。以下の取締役評価を規定する原則3.7と比較するとそれが明白だ。

3.7　取締役の評価

指名委員会は、取締役会、会社総務役（そのような役職が存在する場合）、取締役会により設置された委員会および個別の取締役について、その再任提案に先立って、その業績の審査手続の厳格性を評価すべきである。取締役会は、定期的に（3年に1回が望ましい）、この評価を請け負う、独立した外部コンサルタントを起用すべきである。非業務執行取締役は、筆頭取締役がリードする形で、執行役員の意見を考慮に入れつつ、議長の業績評価の責務を負う。取締役会は、評価の手続きを開示し、また合理的に可能であるかぎり、評価結果に関連する重要な事項および評価結果を受けてとった行動について開示すべきである。

　一方イギリスの財務報告委員会は、2011年のガイダンスで取締役会の実効性について、以下の17項目の評価を推奨しており、「構成」「役割」「運営状況」の三つに分類できる（図表8−10）。

　このようなイギリスの事例を参考にすることは有益であるものの、すでに5年の経験を有する英国企業と同様の対応を日本企業に求めるのは必ずしも合理的ではない。そこで、以下では現状の日本企業のベストプラクティスを確認しつつ、取締役会評価の要諦を解説する。

(2)　有効性評価開示事例の示唆

　コーポレートガバナンスの施行から、2017年4月までに取締役会評価について企業の取組みは着実に進歩している。現在、上場企業1,000社以上がなんらかのかたちで評価を行っているとみられ、そのなかから特にコーポレー

図表 8 −10　FRCによる取締役会の実効性に関するガイダンスが推奨する評価項目

分類	評価項目
構成	・スキル、経験、知識、多様性の状況
役割	・企業の目的、方向性および価値における明確さとリーダーシップ ・後継者とその育成に関する計画 ・取締役会の一つのユニットとしてのまとまり ・取締役会議長とCEOによって設定される姿勢 ・取締役会における関係、特に取締役会議長と秘書、業務執行取締役 　と非業務執行取締役における関係 ・上級独立取締役の役割の明確さ ・取締役会における委員会の実効性と、委員会と取締役会の関係 ・業務執行取締役・非業務執行取締役個人の実効性 ・秘書の実効性
運営状況	・企業とそのパフォーマンスに関して提供される一般的な情報の質 ・取締役会に提示される書類とプレゼンテーションの質 ・個々の提案に関する議論の質 ・取締役会議長が主要な決定や論争を呼ぶ事柄について十分な議論を 　確保するために使うプロセス ・意思決定プロセスと権限に関する明確さ ・リスクを特定し、検証するプロセス ・取締役会と株主および他のステークホルダーとのコミュニケーショ 　ン

（資料）　Financial Reporting Council "Guidance on Board Effectiveness" をもとに日本総
　　　　合研究所作成

トガバナンス報告書への開示が優れていると考えられるエディオン、エーザ
イ、オムロン、ポーラ・オルビスホールディングスの例を時系列で本節末に
示す。

　これらの4事例から浮かび上がってくる取締役評価の要諦は以下の3点に
集約される。

◆社外者による関与・主導

　いずれの事例でも社内取締役のみで評価はせず、社外者を関与させてい
る。エディオンでは取締役向けアンケートの作成に外部アドバイザーを活用
し、ほかの3社ではそれぞれ独立社外役員が評価を主導している。エーザイ

226

では社外取締役ミーティング、オムロンでは独立社外取締役と独立社外監査役で構成するコーポレート・ガバナンス委員会、ポーラ・オルビスホールディングスでは独立社外役員のみの会合がそれぞれ評価の主体となっている。

　社外者の関与は、取締役会評価の客観性・実効性を担保するうえでの非常に重要なポイントである。社内取締役が大多数を占めることが多い日本企業の取締役会において社長を含む社内取締役が評価を主導しても、課題が指摘されることは考えにくい。また仮に評価で課題が指摘されても、それは評価者である社内出身取締役の失態とも考えられるため、コーポレートガバナンス報告書等で公表されることは考えにくい。その結果、株主を含むステークホルダーには改善の兆しはみえず、評価の実効性を推し量ることはできない。

◆項目および評価内容の開示

　4社とも評価項目を明示しており、先述の図表8−10の分類を適用したものが図表8−11である。先述のとおり英国基準を日本企業に期待する必要は必ずしもないが、評価項目の大枠については合理的な範囲にとどまっていることが明らかである。またそれぞれの項目について適切、もしくは改善の余地ありという判断がなされている。社内取締役のみの自己評価では総評のみで問題なしとなることが多いのとは対照的である。

　そもそもコーポレートガバナンス・コードの精神に照らし合わせれば、取締役会の実効性になんらかの課題を抱えているのが通常であると考えるのが自然である。そのため問題なしという評価結果は評価そのものの実効性に疑問を抱かせる可能性がある。また、コーポレートガバナンスは単に機構論だけではなく、その構成員およびその行動によって評価は大きく変わる。言い換えれば会の運営において悪意が存在すれば、いかなる先進的な機構を有していても、実効性は容易に失われてしまう。

◆改善策およびマイルストーン

　以上にあげた4社のうち、エディオン、エーザイの2社は課題を指摘しているものの、その対処策については明言していない。オムロン、ポーラ・オ

図表 8 −11　4 社の評価項目

	エディオン	エーザイ	オムロン	ポーラオルビス
構成	(1)　取締役会の構成		取締役会および諮問委員会等の構成	
役割	(2)　取締役会の役割・責務、意思決定プロセス (4)　取締役の職務遂行状況等	1　取締役会の任務 2　取締役会の議長 3　取締役 4　社外取締役 5　指名委員会 6　監査委員会 7　報酬委員会	議論内容	一般評価項目（5 項目）
運営状況	(3)　取締役会の運営状況 (5)　取締役・監査役に対する情報提供、トレーニング	8　取締役会の運営 9　各委員会の運営	開催頻度 運営方法	独自評価項目（3 項目）

（資料）　各社コーポレートガバナンス報告書の内容をもとに日本総合研究所作成

ルビスホールディングスの 2 社は改善策とそのマイルストーンを示している。オムロンは来期の運営方針、ポーラ・オルビスホールディングスは海外事業について中短期的な取組み、中長期的な取組みとして課題の対処策を示している。そもそも取締役会評価の目的は取締役会の実効性向上である。そのため、課題の特定とともにその改善策およびその期限を示してはじめて、目的達成の第一歩といえるが、今回取り上げた 4 社の開示内容を参照する限りは、改善の余地があるといえる。ただし、この取組みはいずれの会社も昨年末から本年にかけて始まったものと考えられることも考慮に入れるべきであろう。

　実行性の評価自体は、現時点で積極的に取り組んでいる企業は限られる。しかしながら、取締役会の実効性を高めるための重要な手段であることは間

違いがなく、各企業に共通する今後の重要な課題ととらえるべきだろう。

⑴　エディオン（2016年7月7日公表）

「取締役会は、2015年度における取締役会全体の実効性に関する分析・評価を実施いたしました。その方法および結果の概要は以下に記載のとおりです。

1．対象者

全取締役（12名）および全監査役（4名）

2．実施方法

2016年1月から2月にかけて「取締役会評価アンケート」に基づき全対象者が自己評価を実施いたしました。

※「取締役会評価アンケート」は、第三者である外部アドバイザーの意見を参考にして取締役会事務局が作成。

3．質問内容

⑴　取締役会の構成

⑵　取締役会の役割・責務、意思決定プロセス

⑶　取締役会の運営状況

⑷　取締役の職務遂行状況等

⑸　取締役・監査役に対する情報提供、トレーニング

4．評価方法

取締役会事務局が対象者の自己評価結果をまとめ、2016年5月に社外役員および代表取締役から構成されるMDM（マネジメント・ディスカッションミーティング）に報告し、MDMで議論後、同年6月に取締役会において分析・評価を実施いたしました。

5．評価結果の概要

取締役会全体の実効性に関する分析・評価の結果、取締役会の構成、取締役会の運営状況、取締役の職務遂行状況等において、当社の取締役会の運営は概ね適切に機能しており、取締役会の実効性は確保されていることを確認いたしました。

第8章　取締役会のあり方　229

また、取締役は取締役会で意思決定した事業計画を迅速に業務執行しており、取締役会はその業務執行を適切に監督できていると評価いたしました。

　一方で、取締役会の意思決定プロセスにおいて、実行された経営施策の結果についてより分析すべきことや、議題が経営戦略の可能な限りの選択肢を考慮して付議・審議されているかについては検討の必要があることを確認いたしました。

　当社は、引き続き取締役会のさらなる実効性の確保および機能向上を図ってまいります」

(2)　エーザイ　（2016年10月31日公表）

「1)　自己レビュー

　当社は、当社のめざす最良のコーポレートガバナンスを実現することを目的として、その基本的な考え方を定めた「コーポレートガバナンスガイドライン」を取締役会で決議しています。このガイドラインの中には、コーポレートガバナンスの実効性を高めるために、当社取締役会の職務の執行がガイドラインに沿って運用されているかについて、取締役会は、毎年、自己レビューを行うことが定められています。

　2016年度4月開催の取締役会において、取締役会の職務の執行について自己レビューを行いました。その結果、2015年度の取締役会の職務の遂行において、当社「コーポレートガバナンスガイドライン」の各規程に沿わない運用等、問題となる事項は認められませんでした。

　なお、業務執行における運用上の課題等については速やかにこれに対応することとしています。

2)　取締役会の実効性評価

　当社は、最良のコーポレートガバナンスの実現を企図して取締役会が定めた「コーポレートガバナンスガイドライン」の規程に従い、毎年、取締役会の職務の執行の自己レビューを実施し、コーポレートガバナンスの実効性を高めるべくつとめてきました。

2015年12月、当社取締役会は、この自己レビューに加え、取締役会および各委員会の実効性のさらなる向上をはかるため、以下の取締役会評価を実施することとしました。

1．取締役会評価は、取締役会の担う経営の監督機能について、取締役会全体としての実効性等を評価するものである。
2．取締役会評価は、指名委員会、監査委員会、報酬委員会も対象とする。
3．取締役会評価は、取締役一人ひとりの評価をもとに検討する。
4．取締役会評価は、評価の客観性を確保する観点から、社外取締役ミーティングがその結果をとりまとめる。
5．社外取締役ミーティングがとりまとめる取締役会評価の結果には、取締役会の運営等の課題およびその改善提案も含まれる。
6．取締役会評価の結果は、取締役会で決定する。

　各取締役が「取締役会評価に関する質問票」に評価を記入後、取締役会の議長に提出し、2016年3月31日開催の社外取締役ミーティングにおいて、1.取締役会の任務、2.取締役会の議長、3.取締役、4.社外取締役、5.指名委員会、6.監査委員会、7.報酬委員会、8.取締役会の運営、9.各委員会の運営について審議を行いました。

　2016年4月26日、当社取締役会は、社外取締役ミーティングより提案された取締役会評価の結果について審議し、以下のとおり承認しました。

1．取締役会は、執行部門より適時かつ十分な報告を受けており、取締役会および取締役は、期待される役割および責任を適切に果たしている。
2．2015年度は、新中期経営計画「EWAY2025」の決議に至る複数回の取締役会での審議において、先の中期経営計画である「計画はやぶさ」のレビュー、取締役会の審議に必要な情報提供および検討プロセスも含めた報告が十分になされ、取締役会は、当社の中長期的な戦略に関して十分な検討ができた。

第8章　取締役会のあり方　231

３．取締役会が経営の監督機能を発揮するためには、取締役が、経営の監督のために必要な情報や知識を得る努力を継続的に積み重ねなくてはならない。

４．取締役への情報提供は事務局を通じて適切に行われている。取締役が現場に赴いて情報収集や知識習得の機会をさらに増やすこと、執行役からの業務執行報告は、成果の報告に加え、これまで以上にリスクに関する報告も求めることなどが必要である。

５．取締役会の運営についても概ね適切である。議案に関する資料等はできる限り早期に配布し、取締役が十分に準備できる時間の確保につとめるとともに、利便性のよい配布方法についても工夫、検討を行う。

６．指名委員会、監査委員会、報酬委員会の任務、運営については、いずれの委員会も適切である。なお、各委員会に関する取締役会への報告は、各委員会の活動内容を分かり易く報告することを継続する。

　また、取締役会評価は、評価の客観性を確保するために社外取締役ミーティングがとりまとめるが、外部の第三者による評価の活用についても継続検討することが課題として確認されました。

　当社取締役会は、上記決議を踏まえ、適切であると評価された内容については今後も維持、発展につとめるとともに、課題等の改善をはかり、引き続き、最良のコーポレートガバナンスの実現をめざします」

(3)　**オムロン**（2016年12月1日公表）

　「当社は、取締役構成員が、取締役会の目指すべき方向性およびその方向性に対する課題を認識し、共有、改善することにより、取締役会の機能および実効性を向上し、持続的な企業価値の向上を実現することを目的として、取締役会の実効性に関する分析、評価を実施しています。

［取締役会の実効性評価の手法］

　取締役会の実効性評価は、独立社外取締役を委員長とし、独立社外取締役と独立社外監査役で構成するコーポレート・ガバナンス委員会を主

体として実施しています。

　取締役会の実効性評価の最初のプロセスとして、取締役会を構成するすべての取締役および監査役に対し、調査票を配布し、無記名記入方式により取締役会および諮問委員会等の構成、議論内容、開催頻度、運営方法等に関する自己評価を実施しました。コーポレート・ガバナンス委員会において、自己評価内容の分析、課題整理を行い、取締役会の実効性に関する評価結果を取締役会へ報告しました。

　取締役会は、この評価結果を検証し、取締役会の実効性を向上させるための施策を議論し、来期の取締役会の運営方針を策定しました。

[取締役会の実効性に関する評価結果]

　取締役会の実効性に関する分析および評価の結果、現在当社が採用しているガバナンス体制および運用は、適切に機能していることが確認されました。取締役会および諮問委員会等はオープンな雰囲気のもと活発に発言できる環境が構築できており、建設的な議論を通じて経営全般に対する監督を適切に実施できていると評価されました。

　一方、今後の課題として、中長期の経営戦略に関する議論を充実させることにより、取締役会としての監督機能の強化を図る必要性が指摘されました。

[来期の取締役会運営方針]

　取締役会は、コーポレート・ガバナンス委員会による評価結果および昨今の環境変化を踏まえ、以下の取組みを通じて、執行への権限委譲を進めるとともに、これまでの取り組みに加え、さらに中長期の経営戦略に関する議論を充実させ、取締役会としての監督機能の強化に取り組みます。

・取締役会は、次期中期経営計画の策定に向けて、中長期の経営戦略を踏まえた次期中期経営計画の議論を充実させることで、監督機能のさらなる向上を図ります。

・取締役会は、機関投資家をはじめ社会の関心が高まりつつあるESG（※）の課題について、当社が企業の社会的責任を果たす観点から、

第8章　取締役会のあり方　233

ESGに関する方針を整理し、実践する仕組みを構築していきます。

・取締役会は、短期的な課題については執行への権限委譲をすすめ、中長期の経営課題に対する監督機能を強化する体制を構築していきます。

　当社は、持続的な企業価値の向上を実現することを目的として、取締役会の実効性向上に継続的に取り組んでまいります。

（※）　ESGとは、Environment（環境）、Social（社会）、Governance（企業統治）の頭文字をとった略語。」

(4)　**ポーラ・オルビスホールディングス（2017年4月7日）**
「1．評価の方法について

　社内取締役全員に対し、質問票を配布しての自己評価の実施に加え、独立社外役員（4名）のみの会合において取締役会の実効性に関して審議し評価を実施いたしました。

　また、従業員の育成や評価に多面的な視点を取り入れること、経営陣と従業員によるコミュニケーションの活性化等を企図し、社内の経営幹部候補者育成研修等の受講を終了した従業員から選抜し、経営会議へのオブザーブ並びに取締役会へのインタビュー等を通じて評価するという当社オリジナルの評価手法を導入しております。これら「自己評価」、「社外役員評価」、「従業員評価」の全ての評価結果を事務局がとりまとめて取締役会に報告いたしました。取締役会は当該報告の内容を分析・検証し、取締役会としての機能および実効性の向上に向けて具体的なアクションプランについて議論いたしました。

2．評価の項目・視点について

　コーポレートガバナンス・コードが取締役会に対して期待する役割について、当社の「コーポレートガバナンスに関する基本方針」を勘案して定めた〈一般評価項目（5項目）〉と、昨年期首に開催した独立社外役員のみの会合における提案事項をもとに定めた〈独自評価項目（3項

目）〉について評価を実施しました。

〈一般評価項目〉

(1) 長期的な視点を持った判断、発言、意思決定の実行

(2) ステークホルダー（社会、顧客、取引先、従業員、株主等）の視点に立った判断、発言、意思決定の実行

(3) 戦略発展の寄与およびマネジメント層に対する明確な方向性の提示

(4) 円滑な業務執行の実現に向けた環境整備と業務執行の監督

(5) 取締役会の一体化と多様性の確保への寄与

〈独自評価項目〉

(1) 会議運営の効率化

(2) 後継者育成をはじめとするグループの経営人材の育成、獲得

(3) 海外事業における課題とリスクの把握と対策の立案、実行に関わる環境の整備、経過の監督

３．分析および評価の結果概要について

評価結果に関する議論の結果、取締役会の役割について実効性を伴ったガバナンス体制の構築および運用は適切に機能していることが確認されました。一方で、下記に掲げる点については、既に取り組んでいるものも含め、更なる改善の余地があるという認識に至りました。

(1) 会議運営の効率化

・取締役会で取り扱う議案の選別や議案ごとの時間配分

・重要テーマに関する集中審議のための時間確保

(2) 海外事業

・海外事業における取組みを向上させるための組織構築

・グローバル人材の獲得と育成の仕組み

(3) 後継者計画、人材育成

・後継者計画の具体化

・従業員の多様性の確保向上

※その他共通事項

・改善にむけた取組み（制度導入や仕組みの構築等）のスピード向上

また、今期は新グループ理念を策定したことに伴い、グループ全体に理解・浸透させるプロセスへの関与を高めていくことも取締役会の役割として確認しました。

４．評価結果を踏まえた今後の取組みについて

　今後、下記の取組みについてスピード感のある実行とその経過を監督・検証し、適宜修整を加えることで、より実効性の高い経営を進めてまいります。

1）　会議運営の効率化

・業務執行会議の新設による経営テーマと執行テーマの更なる絞込み

・指標の導入および検証実施

2）　後継者育成

・育成も含めた後継者計画の策定と取締役会による監督

3）　海外事業

―中短期的な取組み―

　(1)　国内でのグローバル人材の獲得強化

　(2)　グローバル人材育成プログラムの確立

　(3)　現地派遣メンバーの増員

―中長期的な取組み―

　(4)　現地採用、育成プログラムの確立」

【参考文献】

東京証券取引所［2017］「コーポレートガバナンス・コードへの対応状況（2016年12月末時点）」2017年1月

International Corporate Governance Network［2014］*"ICGN Global Governance Principles"*, 2014.

Financial Reporting Council［2011］*"Guidance on Board Effectiveness"*, March 2011.

エディオン［2016］「コーポレートガバナンス報告書」2016年7月

エーザイ［2016］「コーポレートガバナンス報告書」2016年10月

オムロン［2016］「コーポレートガバナンス報告書」2016年12月
ポーラ・オルビスホールディングス［2017］「コーポレートガバナンス報告書」
　2017年 4 月

第 9 章

コーポレートガバナンスの
さらなる高度化に向けて

本書は、コーポレートガバナンスを「企業経営の規律づけ」と定義したうえで、その課題を整理し、方向性についての提言をまとめたものである。

　コーポレートガバナンス改革については取締役と取締役会の改革にはとどまらず、多面的な取組みがステークホルダーから求められており、多くの日本企業がこれらの取組みを本格化させていることはいうまでもないことであろう。しかしながら、コーポレートガバナンス改革は緒についたばかりであり、これから課題への対応や取組みが広がっていくだろう。企業経営はますます複雑になり、そのなかで企業価値を永続的に高めていくため、さまざまな課題があるからである。

　本章では、本書のまとめとして、コーポレートガバナンスのさらなる高度化に向けて、今後、どのようなことが企業にとってのテーマになるかについて論じていくこととする。

1　企業の目指すべき姿と
ステークホルダーの再定義

　本章の冒頭において、コーポレートガバナンスについては、「企業経営の規律づけ」と規定した。これは、企業はその活動に必要な経営資源をさまざまなステークホルダーより得ているため、ステークホルダーに対し自らの活動の成果を還元する必要があるからである。特に、活動において必要となる資金の提供者については、投下された資金をどのようなかたちで拡大し還元していくかを示す必要がある。その観点から日本企業にとっての主要なステークホルダーを考察すると、図表9－1のような変遷をたどっていると思料される。

図表9-1　ステークホルダーの変遷

	過　去	現　在	将　来
主要なステークホルダー	金融機関、取引先、および従業員	左記に加え、株主の存在感が増大	社会貢献等のファクターが追加
評価の視点	事業量と収益の確保、資産の安定	企業価値の向上	財務的評価以外の視点も追加
評価指標	売上、営業利益、自己資本比率	ROA、ROE、ROIC	（今後整備）

（資料）　日本総合研究所作成

　過去の日本においては、確実な債権の回収とそれを裏付ける資金の裏付けがあるかどうかが企業評価の視点であったが、近年のコーポレートガバナンスでは、より株主の視点に立っているので、評価の視点において「企業価値の向上」が重要とされると解される。

　しかし、近年は変化の兆しがみられる。これは企業を取り巻くステークホルダーが変化しつつあること、また企業評価の視点で重要であった企業価値のとらえ方そのものに揺らぎが生じていることにある。以下では、これらの変化について論じていく。

(1)　ステークホルダーの変化

　日本における企業活動におけるステークホルダーについては、取引の確保、安定的な資金調達、そして終身雇用による労働力の確保に代表される長期的互恵関係が重視されていたことは前にも述べたが、バブル崩壊後、再生ファンドや海外の投資資金が日本の株式市場に流入したこともあり、欧米型のコーポレートガバナンスの考えがもたらされた。すなわち、株主重視の視点であり、売上げや収益だけではなく株価の上昇に直結するような活動が重要視されたのである。

　さらに、近年はステークホルダーに新たな変化がみられる。企業が中長期的にその価値を拡大し、維持するという考えに立つと、投資家は必ずしも利害が一致するわけではない。むしろ、企業にとっては、存在する国や地域な

第9章　コーポレートガバナンスのさらなる高度化に向けて　241

どとの相互扶助的な関係の構築、新興国支援などの社会貢献、加えて環境問題など世界的な諸課題への積極的な取組みなどが重要になりつつある。ステークホルダーとしての「地域」「社会」はより存在感を増すであろう。

(2) 「企業価値」の揺らぎ──評価指標の変化

当然のことであるが、ステークホルダーが企業に求めるものは、それぞれのカテゴリーにより異なる。金融機関が主要なステークホルダーであった時代は「確実かつ安定的な返済」が金融機関の関心事であったため、売上高・利益の水準に加え、自己資本比率などの安全性指標が重要であった。その後、ステークホルダーとして株主の位置づけが重要になると、当然の帰結として資本効率に関係する指標が重視される。また、株主には、自らが企業価値や株主価値を試算し、時価総額と比較するなどの投資行動も根づいている。

しかしながら、近年は先述のとおり、短期で退出する株主よりも長期的関係を望むステークホルダーとの関係を重視する傾向もあり、その場合は企業価値以外での評価指標が必要になる。また、企業価値については、その計算が恣意的に変更できるということもあり、そのものの信頼性についても疑義や批判がなされていることも、認識すべきである。

2　ガバナンスを向上させる経営基盤の強化

日本企業は今後、さらなるグローバル化や事業の多角化に対処していかなければならず、そこには多くの意思決定要素が確実に存在する。一方、取締役や取締役会がこれらの意思決定のすべてを執り行うことは困難であるため、よりいっそうの権限委譲が求められる。ただし、権限委譲に対してはそれが正当に行使されているかをなんらかのかたちでモニタリングする必要がある。取締役および取締役会の役割は大きく変わりつつある。

これらの役割の変化に対応しつつ、コーポレートガバナンスを強化・高度

化するためには、権限委譲の受け皿となる組織の構築や、情報提供をはじめとするサポート体制の整備といったような経営基盤を充実させることが不可欠である。そこで、以下では、ガバナンスを向上させるために必要と思われる経営基盤についての考察を行う。

(1)　取締役・取締役会改革の限界

コーポレートガバナンス改革の動きについては、これまでも説明したとおりであり、取締役や取締役会の強化が重要なポイントであることもいうまでもない。しかしながら、ガバナンス強化については、2003年施行の改正商法を皮切りに、その後も会社法の改正を重ねるなどしてそのつど推進されてきたものの、必ずしも成功しているとはいえない。なぜなら、近年においても不適切な会計処理やコンプライアンス違反などによって企業価値を大きく毀損する事案がいくつも発生しており、そのなかには、「コーポレートガバナンスの優等生」と評価されていた企業も含まれるからである。これらを考えると、今回も制度を単になぞるだけでは、この10年以上の歴史を繰り返すだけの結果に終わるおそれがある。しかしながら、こうした不首尾の原因について、取締役や取締役会・監査役会、そして各種の委員会といった会社機関の構成員の資質や行動だけに求めることは適切ではない。根本的な要因を考察する必要があるが、その一つのパターンとしては、経営判断に欠かせない肝心の経営情報が十分に行き渡らないことにより、結果的にガバナンス強化の取組みが形骸化してしまっていることがあげられる。冒頭で述べたとおり、取締役や取締役会そのもののリソースが限定的であり、サポートする体制を構築しない限り、改革は中途半端なものに終わってしまうのである。

(2)　任意の会議体との関係

すでに述べたとおり、多くの企業で取締役や取締役会が権限委譲を行う必要に迫られている。具体的には、取締役会の下部構造にある、常務会や経営会議などの任意の組織に権限委譲を行うことで機動的に意思決定することが想定される。さらに近年では、持株会社制度を採用する企業も増加している

第9章　コーポレートガバナンスのさらなる高度化に向けて　243

が、その場合は事業会社単位に大きな権限委譲を行い、事業会社も法人として意思決定のための組織を有する構造となる。このような取組みにより、意思決定のスピードは上がると思われるが、一方で意思決定のプロセスは株主からはみえにくくなる。また、権限委譲が進むと、「外部の眼」である社外取締役だけでなく、業務執行取締役や取締役会自体に適切な情報が入りにくくなり、ガバナンスの形骸化を招きかねない。これらを避けるため、本社組織が主体となって、取締役会・監査役会や各種委員会、経営会議などのさまざまな組織に対して、必要な情報を供給するなど、適切な運営をサポートする必要がある。

(3)　重要となるサポートスタッフの役割

　前項では、取締役や取締役会の活動が形骸化しないようにするために経営判断やモニタリングに必要な情報が十分に提供されることが重要であると述べたが、具体的には本社組織を中心により多くのサポートスタッフを割り当てる必要がある。しかしながら、スタッフ機能の整備には多額のコストがかかるうえに、かなりのスペックの人材を配置する必要があるという課題があり、これが、多くの企業において、本格的に取り組むことを躊躇させる理由である。

　しかしながら、今回のコーポレートガバナンス改革において、企業は本格的な変化を求められており、そのためには、単なる制度対応ではなく、これまで置き去りにしていた、会社機関のサポートをより強固なものとするスタッフ機能である本社組織の強化に真正面に取り組むべきである。具体的には、本社組織が中心となって、適切に経営情報を吸い上げた後に、会社機関に対して適切な情報提供を行う。そして、健全な議論に基づいたマネジメントの方向性を必要なかたちで関係各所にフィードバックする。このような情報サイクルを本社組織が確立し運営することが、一部の経営者や事業部門による情報の抱え込みと独断専行を抑え込み、それにかえて健全な成長戦略を議論する素地を会社機関にもたらすのである。一見当たり前で地味にみえる取組みこそが、10年以上かけてもできなかったガバナンスを強化し、経営品

質を高度化させる本道であると思われる。

図表9-2は、コーポレートガバナンス強化を進めるために、並行して整備すべき経営基盤の強化の方向について整理したものである。現在、多くの企業におけるコーポレートガバナンス改革は、コーポレートガバナンス・コード対応もあって、図表の左側が中心である。しかしながら、本書で繰り返し述べているように、これらの取組みを成功させるためには、図表の右側

図表9-2　ガバナンス強化を支える経営基盤の整備

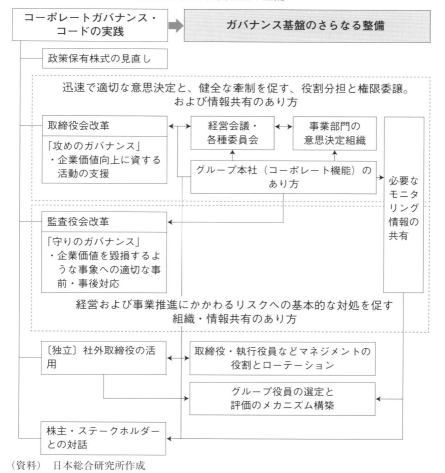

（資料）　日本総合研究所作成

第9章　コーポレートガバナンスのさらなる高度化に向けて　245

で示している経営基盤を整備することによって、上質な情報を取締役や取締役会に提供することが重要なポイントであるといえよう。

特に近年では、事業の多角化やグローバル化への対応、M&A・アライアンスの活発化など、経営判断を行うために必要な情報量が飛躍的に増加している。コーポレートガバナンス改革の趣旨にのっとり「外部の眼」から経営者や事業責任者に対する適切な牽制と前向きな助言を得てガバナンスを強化するためには、この「外部の眼」に対してこうした多くの経営情報を適切に提供し続けることが不可欠となる。しかし、この情報提供を担うサポートスタッフは不況時からのスリム化の影響もあり、時代の変化に応じた十分な強化がなされておらず、この課題を克服することが重要である。

3 グループガバナンスの強化

現在、多くの上場企業ではコーポレートガバナンス強化の取組みがなされているが、この動きはコーポレートガバナンス・コードや上場規則などのソフト・ローが整備されたこと、国家成長戦略などの政策の後押しなどが背景にある。

一方で、多角化・グローバル化する企業経営において、現在のコーポレートガバナンスは、その端緒にすぎない。なぜなら、企業活動は中核企業だけではなく、子会社・関連会社を含めたグループ全体で行うものであり、中核会社のもとでグループ個社のガバナンスを統合した、いわゆるグループガバナンスが今後は重要になるとは思われる。以下、グループガバナンスの概念と今後について説明する。

(1) グループガバナンスの概念
——コーポレートガバナンスからグループガバナンスへ

グループガバナンスとは何か、ここでは、その位置づけについて図表9－3をもとに整理する。

246

図表 9 − 3　グループガバナンスの位置づけ

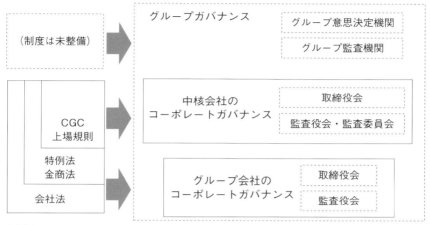

（資料）　日本総合研究所作成

　前述のとおり、現在企業で進めている改革の多くはコーポレートガバナンス・コードや上場規則に基づいた、中核企業のコーポレートガバナンスである。これは、会社法を中核とした関連法令、規則で構成された一連の制度であり、原則としては個社のガバナンスに帰するものである。つまり、法律上では中核会社と子会社・関連会社などいわゆるグループ会社のガバナンスは会社単位に独立している。

　しかしながら、企業経営はグループ全体を一つの企業体と見立て、経営資源配分を行う。また、戦略の策定や予算統制、さらにはコンプライアンスや監査等もグループ全体で管理することが一般的になりつつある。

　そのため、ガバナンスについても、グループ全体でどのように意思決定と監督を行うべきか、その仕組みを構築する必要がある。この「グループガバナンス」の取組みが、コーポレートガバナンスの先にある重要な課題であるといえよう。

　「グループガバナンス」については、根拠となる法律などの制度がないため、中核会社が株主として権利を行使すること、グループ会社に対して、中核会社が一定数以上の取締役や監査役を派遣することなどで対応しているこ

第 9 章　コーポレートガバナンスのさらなる高度化に向けて

とが実情であり、今後、制度的にも運用的にも整備が必要になると思われる。

(2) グループガバナンスの必要性

企業におけるグループガバナンスの概要は先述のとおりであるが、近年グループガバナンスが着目され、一部の企業において整備が進む背景としては、下記のような理由があげられる。

① グループ経営の定着化

上場企業においては、連結決算が義務づけられているため、多くの企業がグループ全体での経営計画の策定や予算統制を行うかたちになっている。さらに、株価についても適時開示が連結ベースであるため、実質的にはグループ全体での業績を織り込んだ株価であり時価総額である。そのため、中核会社はグループ会社に対しても、自社と同様のレベルで、主要な意思決定と業務の執行状況の監督をする、つまりはガバナンスを整備する必要がある。

② 持株会社制度の浸透

また、日本においては持株会社制度への移行が進み、多くの上場企業が純粋持株会社となった。この結果、事業をもたない純粋持株会社は、グループでの意思決定と、各社の業績等のモニタリング、および各種の牽制を担うこととなっているが、この経営形態はグループガバナンスの極致であるといっても過言ではない。言い換えると持株会社制度の定着がグループガバナンスを促進しているのである。

③ M&Aにおけるリスク対応

近年、企業における戦略遂行の手段としてM&Aは不可欠の手段となり、毎年のように大型のM&Aが成立している。しかしM&Aについてはさまざまなリスクが付きまとう。そのため、価格を含めた買収契約検討時点での精査と適切な意思決定、買収後に自社のグループ会社に適合させること、いわゆるPDM（Post Deal Management）が必要となる。特に近年は大型M&Aにおけるガバナンスの不全が課題になるケースも増えており、M&Aリスクへの事前対応のためにグループガバナンス再構築を行うケースも増加してい

図表9－4　海外M&Aにおけるリスク顕在化例

会社	業界	内　容
A社	重電	アメリカのEPC企業を買収。買収後、巨額ののれん減損と買収した企業の赤字が顕在化した。
B社	化学	グループ会社において、不正な会計処理が発覚して、決算作業の再修正を余儀なくされた。
C社	物流	買収した海外企業について、買収後の業績の不振により、巨額の減損処理を余儀なくされた。
D社	建材	買収した海外企業の子会社において巨額の赤字が発覚し、全体の業績に大きな影響を与えた。

（資料）　日本総合研究所作成

る。

④　グローバル戦略の進展

　日本企業においては、国内市場の限界に伴い、グローバル対応を迫られているが、海外進出においては子会社を設立するか、M&Aを活用することが一般的である。この結果、グループ会社として、海外部門を統制する必要があるが、一般的には中核会社と一体となってガバナンスを効かせる必要がある。

(3)　グループガバナンス構築のステップ

　それでは、グループガバナンスはどのような手順で構築するべきか。ここでは、簡単に構築のステップについて説明する（図表9－5）。

①　グループ会社の区分実施

　グループガバナンスの構築は、自社のグループ会社をその類型や規模などに応じて区分することから始まる。区分については、さまざまな考え方があるが、重要なものは下記のとおりである。

・事業会社／機能会社

・事業／機能の重要性（代替可能性）

・規模感（売上げ、利益）

第9章　コーポレートガバナンスのさらなる高度化に向けて　249

図表9－5　グループガバナンスの構築ステップ

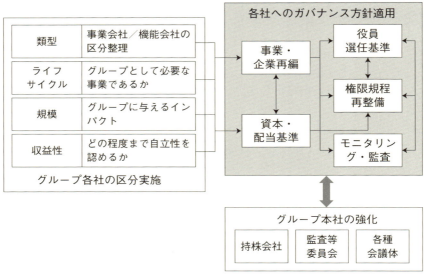

（資料）　日本総合研究所作成

・グループインの時期　など

② **各社へのガバナンス方針適用**

　実施した区分に従って、各社のガバナンス上での取扱いについて設定するが、重要なものは下記のとおりである。

・権限・責任の設定
・各社の役員人事
・モニタリング、監査
・資本金、保有比率、配当方針

　なお、再構築に際しては、必要に応じてグループ内での再編を行うことも想定されるが、再編についての基準を事前に作成しておくことが望ましい。

③ **グループ本社の強化**

　グループ会社を区分し、それに従ったガバナンス方針を構築し、適用させることと並行して、グループガバナンスを推進、サポートする機能を強化する。

具体的には、グループ本社の取締役、取締役会およびグループ幹部に対して情報提供をはじめとした各種サポート機能を担う。さらに、定期的にグループ各社の区分と各種方針の適用案の見直しや、これらのプロセスに関する各種規程の整備を行うなどの機能強化も重要である。なお、これらの機能整備を進めるなかで、グループ全体の意思決定機関のあり方や、グループガバナンスを担うグループ本社について、持株会社化への移行も視野に入れた組織そのもののあり方を検討する必要がある。

⑷　グループガバナンス構築の課題

　前項ではグループガバナンスを展開する基本的なステップを紹介したが、実際においては以下に想定されるようなさまざまな課題が発生する。

① 　グループ各社の区分設定については、下記のような課題の発生が想定される。
　・事実上グループ会社を格付することになるため、格付を下位に変更する場合は相当の抵抗が想定される。
　・事業会社と機能会社の区分については、双方の役割が混在している場合も多々存在する。

② 　各社の役員人事については、幹部人材に関する制度設計を行うこととなる。その際、特にグローバルにおいて、中核会社のトップマネジメントを超える報酬を容認することも十分に想定しておく必要がある。

③ 　ガバナンス構築において、企業の区分に応じた資本金や保有比率、配当方針を決定することは、グループ本社サイドからみると合理的ではあるが、当事者会社からみると、過去の努力の蓄積を吸い上げられてしまうことでもあり、根強い抵抗感がある。

④ 　グループ本社においては、グループ会社とさまざまな局面で対峙することになる。このため、遂行に際しては、高スペックの人材が相当程度必要になるが、この人材を手配できない企業も少なからず存在する。

　このような課題が発生する要因としては、リソース・ノウハウの不足に起因することが多いが、これは中途採用の実施や、段階的な教育などで十分に

対応可能である。最も根本的な要因については、従来の日本企業が有している「親会社が上で子会社が下」に代表される中核会社・中核事業中心の序列意識や、OB処遇としての子会社活用など、日本企業に根づく伝統的な意識や仕組みに根ざしているものが多く、特に、このような意識の払拭にどのように取り組むかがグループガバナンスの再構築を進める大きな鍵であると考える。

(5) グループガバナンスの観点でみた、取締役・取締役会

先述のとおり、グループガバナンスは、コーポレートガバナンスの発展形であるが、現段階においてはハード・ロー、ソフト・ロー双方とも未整備であるため、決まったかたちが存在しない。むしろ、企業のグループ経営形態や戦略、経営管理の熟度を勘案しながら独自に設計・運用する必要がある。そのなかで本書の中心テーマであった取締役および取締役会について、ここでは考えてみたい。

① グループ経営における意思決定構造

グループ経営における意思決定とは何か。教科書的にはグループ全体最適の視点に基づいて経営資源を配分することであるが、実務的にはそれほど簡単ではない。多くの会社の場合は、取締役会などの意思決定において、グループ全体の意思決定と、個別事業の意思決定が混在し適切な判断が阻害される可能性がある。特に、中核事業の撤退や資源配分縮小などのテーマにつ

図表9－6　意思決定機関の設計例

会社	対処方法
A社	持株会社制度に移行して、グループ経営に関する意思決定を持株会社の取締役会に集約する。
B社	取締役会を月2回実施して、グループ経営に関する議題と個別事業の議題を分離する。
C社	グループ経営会議を別途設定して、グループ経営に関する議題は集中審議、取締役会は追認の場とする。

（資料）　日本総合研究所作成

いては冷静な判断を行うことは困難といっても過言ではないだろう。このような問題に関しては、グループ全体の意思決定に関することと、個別事業の意思決定に関することを、物理的に区分するなどの工夫を多くの会社が模索している。

理想をいえば、A社のように持株会社制度に移行することが、最も明確にグループ全体の意思決定機関を定める手法であるが、各種の法的な手続や、コストや手間の問題を考えるとハードルは高い。そのため、B社やC社のように取締役会規定や経営会議規定などを柔軟に変更することで対処する企業が多い。

② グループガバナンスにおける取締役

グループガバナンスを推進するにあたっての意思決定機関については、先述のとおりであるが、意思決定を推進する取締役については、どのような経験を有する人間を配置するのがよいのか。その役割と責任をあらためて整理する必要がある。

原則としては、グループ全体最適の視点に従って、経営戦略推進や経営資源配分について議論ができる体制が望ましい。この観点からであると社外取締役の活用の余地は十分にあると思われるが、具体的な事業に関する情報が制限されたなかでの議論には不安があることも事実である。その意味では、グループ経営に関する議題に際しての社内取締役と社外取締役の適切な構成、各取締役に必要なバックグラウンドを再定義する必要がある。言い方を換えると、グループガバナンス向けに、スキルマトリックスを改訂することも一つの有用な対処策である。

③ 取締役人材の育成、選抜、報酬

グループ経営の推進とともに、グループ各社の経営者は従来のように中核会社から「上がってくる」のではなく、グループ各社のなかで適切な人材が選抜されていくことが理想である。しかし、この状態を実現させるためには、グループにおける経営幹部の人事システムを見直す必要があるが、具体的な検討ポイントは以下のとおりである。

・将来的にグループ全体の経営を担う人材をどのように選抜していくか

・個別事業にとらわれずグループ全体最適の経営判断ができるための必要な
　素養をどのようにつけさせるか
・グループ全体のトップマネジメントをどのようなかたちで選抜、指名する
　か
・人材マーケットと整合しつつ、これまでの人事システムとリンクする報酬
　体系をどのように設計するか

　なお、グループ全体の取締役の地位や報酬などは、コンセプトとしてはグ
ループ各社間をまたぐ、バーチャルな制度でかまわないが、実際の任免や報
酬については、実態の法人が属する国・地域の法律にあわせて運用する必要
がある点も留意が必要である。

　冒頭の繰り返しになるが、現在多くの会社で取り組んでいるコーポレート
ガバナンスの取組みは、上場企業である中核企業の機関設計および、役員の
あり方にとどまっていることが多い。

　その一方で、今後の経営環境はよりグローバルかつ、複雑になることが予
想される。そして、戦略実現の手段としてのM&Aやアライアンス、さらに
は現地法人の設立などで、グループ会社の増加は避けられないであろう。

　多くの企業で顕在化したガバナンス問題は、中核企業ではなく、グループ
会社で発生していることが多いことも事実であり、これらを考えると、ガバ
ナンスの高度化を進めるために、コーポレートガバナンスのさらに先にあ
る、グループガバナンスを意識した取組みも意識して改革に臨むことが望ま
しいと思われる。

あ と が き

　コーポレートガバナンスを解説した良書は世の中にたくさんある。執筆を
始めるに際して屋上屋を重ねることを心配しなかったというと嘘になろう。
しかし、執筆を進めるに従い、苦労は続いたが、だんだんと自信を深めて
いった。制度と実務の両面からコーポレートガバナンスのあり方について
迫っていくということに手応えを感じ始めたからだ。

　執筆を担うチームは１年前に結成された。コーポレートガバナンスについ
て、制度調査、企業調査や企業に実務のコンサルティングを行っている専門
家が集まり、本書の構成や内容の検討のための打合せの回数を重ねた。

　ところが、その間にも、企業での社長更迭や買収案件の失敗等が多く報じ
られ、識者の声として、コーポレートガバナンスができていなかったからだ
と解説された。ところが、これらの解説を読んでも、なぜ相応の分析をせず
ともコーポレートガバナンスが原因だとの結論になるのか、そして、もしそ
うだとしても、その先にどうすればいいかがわからない。要するに「識者」
による「表面的」な解説があふれているということだ。

　徹底的に議論を重ねるうちに、コーポレートガバナンスについては、得て
して「あるべき」論から入ることが多く、逆に、なぜこういう実態が日本企
業に形成されてきたのかの分析がなされていないという問題意識をもつに
至った。海外のやり方にあわせることが正しいとされても何の解決にもなら
ない。

　そこでチームでは、日本の企業の実務を、特徴がよくあらわれる金融機関
との関係から分析した。また日本の会社の典型として、オーナー企業での
コーポレートガバナンスの特性の研究にも時間をかけた。さらにはアンケー
トを通じて日本企業全体の傾向も解析し、フィールドワークで明らかにして
いく努力を重ねた。

　そのうえで、各企業のコーポレートガバナンスの状況を自ら客観的に評価
する仕組みも本書のなかで紹介して、読者に具体的にどの程度の向上が望ま

れるかを「見える化」することにも注力した。

　そして、コーポレートガバナンスのなかでも特にハードルが高い取締役・取締役会改革について事例に基づく解説にまで筆が及ぶようになり、振り返ると、このあたりから手応えを感じ始めるようになったといえそうだ。

　本書は、会社法等の予備知識を特に必要としないように書き進めた。バックグラウンドに関係なく企業のどの組織に属する人にも有益であり、まして理系や文系といった区別も関係なく読んでもらいたいと考え執筆した。

　本書は、コーポレートガバナンスについて、形式的な対応に終始するという罠に陥らないために、さまざまな事例に即して解説を行った。その一方で、普遍性を失わない内容とすることにも腐心したつもりである。そして、本書全体を読み終えたところで、コーポレートガバナンスとはこういうことだったのかと思ってもらえれば、執筆陣の望みは達成されたことになる。

　最後になったが、本書の執筆に際して、一般社団法人金融財政事情研究会の小田徹専務理事ならびに谷川治生理事には大変お世話になった。この場を借りて厚く御礼を申し上げ、筆をおくことにしたい。

                                                                執筆者一同

【執筆者略歴】

西口　健二（にしぐち　けんじ）
㈱日本総合研究所　調査部　理事
京都大学理学部数学教室修士課程修了、大阪大学理学部数学教室助手、
三井住友銀行を経て現職
［執筆担当：序章］

足達　英一郎（あだち　えいいちろう）
㈱日本総合研究所　創発戦略センター　理事　ESGリサーチセンター長
一橋大学経済学部卒業
民間シンクタンクを経て現職
［執筆担当：第8章2］

山田　英司（やまだ　えいじ）
㈱日本総合研究所　リサーチ・コンサルティング部門　理事
早稲田大学法学部卒業、英国国立ウェールズ大学経営大学院（MBA）修了
大手総合建設業を経て現職、早稲田大学理工学術院非常勤講師
［執筆担当：第6章、第7章3・4、第8章3、第9章］

野尻　剛（のじり　つよし）
㈱日本総合研究所　リサーチ・コンサルティング部門　シニアマネジャー
慶應義塾大学経済学部卒業、公認会計士
監査法人を経て現職
［執筆担当：第3章、第4章］

米山　勇樹（よねやま　ゆうき）
㈱日本総合研究所　リサーチ・コンサルティング部門　シニアマネジャー
慶應義塾大学理工学部卒業
企業再生支援機構（現：地域経済活性化支援機構）を経て現職
［執筆担当：第7章1、第8章1］

佐藤　浩介（さとう　こうすけ）

　㈱日本総合研究所　調査部　主任研究員

　東京大学経済学部卒業、放送大学大学院政策経営プログラム修了（学術修士）

　三井住友銀行を経て現職

　［執筆担当：第1章、第2章、第5章3・4］

黒田　一賢（くろだ　かずたか）

　㈱日本総合研究所　創発戦略センター　スペシャリスト

　青山学院大学経済学部卒業、英国大学ロンドン・スクール・オブ・エコノミク

　ス・アンド・ポリティカル・サイエンス（環境政策・規制修士コース）修了

　証券会社、ESG・グリーンボンド研究機関等を経て現職、青山学院大学非常勤講

　師、日本サステナブル投資フォーラム運営委員

　［執筆担当：第5章1・2、第7章2、第8章4］

（肩書・所属は2017年8月31日時点）

葛藤するコーポレートガバナンス改革

2017年10月31日　第1刷発行

編著者　株式会社日本総合研究所
発行者　小　田　　　徹
印刷所　株式会社日本制作センター

〒160-8520　東京都新宿区南元町19
発　行　所　一般社団法人 金融財政事情研究会
企画・制作・販売　株式会社き　ん　ざ　い
出 版 部　TEL 03(3355)2251　FAX 03(3357)7416
販売受付　TEL 03(3358)2891　FAX 03(3358)0037
URL http://www.kinzai.jp/

・本書の内容の一部あるいは全部を無断で複写・複製・転訳載すること、および
　磁気または光記録媒体、コンピュータネットワーク上等へ入力することは、法
　律で認められた場合を除き、著作者および出版社の権利の侵害となります。
・落丁・乱丁本はお取替えいたします。定価はカバーに表示してあります。

ISBN978-4-322-13212-0